Margit Knapp

PHILOSOPHIEREN MIT KINDERN

40 Kita-Projektideen zu 5 Bilderbüchern

NIKOLO

BELTZ

Lorenz Pauli, Kathrin Schärer
Mutig, mutig
Beltz & Gelberg in der Verlagsgruppe Beltz,
Weinheim Basel
32 Seiten, 5,95 Euro
ISBN: 978-3-407-76078-4

Leo Lionni
Frederick
Beltz & Gelberg in der Verlagsgruppe Beltz,
Weinheim Basel
32 Seiten, 12,95 Euro
ISBN: 978-3-407-77040-0

Axel Scheffler, Julia Donaldson
Räuber Ratte
Beltz & Gelberg in der Verlagsgruppe Beltz,
Weinheim Basel
32 Seiten, 12,95 Euro
ISBN: 978-3-407-79447-5

Oliver Scherz, Eva Muggenthaler
Der kleine Erdvogel
Beltz & Gelberg in der Verlagsgruppe Beltz,
Weinheim Basel
26 Seiten, 12,95 Euro
ISBN: 978-3-407-79523-6

Martin Baltscheit, Christine Schwarz
Ich bin für mich
Beltz & Gelberg in der Verlagsgruppe Beltz,
Weinheim Basel
40 Seiten, 5,95 Euro
ISBN: 978-3-407-76096-8

Werderstr. 10 · 69469 Weinheim
www.beltz.de

Lektorat: Larissa Schönknecht
Satz: Nadine Kunde
Gestaltungskonzept: Atelier Bea Klenk, Bea Klenk / Sabine Riesinger
Druck und Bindung: Firmengruppe APPL, sellier druck, Freising
Umschlag: Foto © 2015 Marlen Mauermann
Illustrationen © 2011 Julia Donaldson. © 2006 Kathrin Schärer
Innenfotos: © 2015 Marlen Mauermann
Autorenfoto Umschlagrückseite: © Lina Gössing

Printed in Germany

ISBN 978-3-407-72738-1

Liebe Leserin, lieber Leser,

Kitas sind Orte der Begegnung und zugleich Erfahrungsräume. Sie ermöglichen Kindern, in der Auseinandersetzung mit sich und anderen ihre Potenziale zu entfalten: Kreativität und Fantasie zu entwickeln, Erfahrungen und Wissen zu sammeln, Vorlieben und Abneigungen zu entdecken – sich Weltwissen anzueignen. In Ihrer täglichen Arbeit begleiten Sie die Kinder ein Stück auf diesem Weg des Entdeckens, indem Sie ihnen Erfahrungen ermöglichen, die an ihre Lebenswelt anknüpfen. Und wie kann das besser gelingen als mit Geschichten und Figuren, die die Kinder bewegen und zum Fragenstellen anregen? In Bilderbüchern erfahren Kinder von kleinen und großen Dingen, erleben Fantastisches und Realistisches, Nachdenkliches und Lustiges – sie entdecken die Welt mit Bilderbüchern.

Die Kinder können durch Projekte und Angebote, die sich auf Bilderbücher und ihre starken Charaktere beziehen, eigenaktiv und mit allen Sinnen die Welt erschließen. Indem die Kinder Fragen stellen und Antworten finden, malen, bauen, basteln, forschen, sich bewegen, ihre Kita und ihre Umwelt entdecken, lernen sie ganzheitlich mit allen Sinnen. Mit diesem Projektheft möchten wir Sie bei Ihrer Arbeit unterstützen. Die Projektideen und Angebote knüpfen immer wieder an die Bilderbücher »Frederick«, »Der kleine Erdvogel«, »Mutig, mutig«, »Räuber Ratte« und »Ich bin für mich« an und ermöglichen Ihnen, ausgehend von der Geschichte mit den Kindern Zugänge zum Philosophieren zu erleben und kennen zu lernen. Die Ideen sind schnell und einfach umzusetzen, sodass auf dringliche aktuelle Fragen und Situationen Bezug genommen werden kann.

In einem einleitenden Kapitel erhalten Sie eine kurze Einführung in den Themenschwerpunkt »Philosophieren mit Kindern«. In den darauffolgenden Projektkapiteln finden Sie zu den Bilderbüchern »Frederick«, »Der kleine Erdvogel«, »Mutig, mutig«, »Räuber Ratte« und »Ich bin für mich« kreative Projektideen und Angebote, die ohne großen Zeit- und Materialaufwand durchgeführt werden können. Zu jeder Projektidee erfahren Sie auf einen Blick, welche pädagogischen Ziele Sie mit dem jeweiligen Projekt erreichen können, für welches Alter und wie viele Kinder sich die Projektideen eignen, wie lange die Vorbereitung und die Durchführung des Projektes dauern und welche Materialien Sie benötigen. Tippkästen geben Ihnen weitere Anregungen für die Umsetzung in der Praxis. Die Zeitangaben können nur ungefähre Angaben sein, denn letztendlich kommt es darauf an, wie viele Kinder an dem Projekt teilnehmen und wie viel Zeit Ihnen im Tagesverlauf zur Verfügung steht. Ebenso können die Altersangaben nur Anhaltspunkte sein, denn Sie kennen Ihre Kinder am besten und wissen, über wie viel Vorerfahrung die Kinder beim Spielen, Bauen und Sich-Bewegen verfügen. Die Gruppengrößen werden unterschieden nach:

- KG = Kleingruppen, also 2 bis 10 Kinder
- GG = Großgruppen, also 10 und mehr Kinder

Auf den Seiten 62 und 63 finden Sie eine Übersicht der einzelnen Projekte, in der die Ziele nochmals genannt werden und in der Sie auf einen Blick sehen, welche Bildungsbereiche die Ideen und Angebote noch fördern. Möchten Sie sich tiefergehend mit den Themen der Hefte beschäftigen, finden sie auf Seite 64 weiterführende Literatur.

Möchten Sie sich tiefergehend mit den Themen der Hefte beschäftigen, finden sie auf Seite 64 weiterführende Literatur.

Nun wünschen wir Ihnen viel Vergnügen beim Lesen dieses Heftes und bei der Durchführung in Ihrer Kita!

PHILOSOPHIEREN MIT KINDERN

»Da fiel ihnen plötzlich ein, wie Frederick von Sonnenstrahlen, Farben und Wörtern gesprochen hatte. ›Frederick‹, riefen sie, ›was machen deine Vorräte?‹«

Zitat aus: Frederick von Leo Lionni

Lassen Sie mich mit einer Frage beginnen: Was hat Sie vor Kurzem glücklich gemacht? Wenn Sie jetzt darüber nachdenken, stehen Sie bereits an der Tür zum Philosophieren. Und wenn ich weiterfrage, warum Sie das glücklich gemacht hat und wie lange dieses Glücksgefühl angehalten hat, sind Sie vielleicht neugierig geworden. Mit diesen und noch vielen anderen Fragen begeben Sie sich bereits in das Reich der (Kinder-)Philosophie. Aus dem Griechischen übersetzt bedeutet Philosophieren wörtlich »Liebe zur Weisheit«. Machen wir uns also im gemeinsamen Nachdenken zusammen mit den Kindern auf die Suche danach.

Doch können Kinder überhaupt philosophieren? Die Antwort liegt klar auf der Hand – selbstverständlich können sie das, denn sie bringen alle dafür nötigen Voraussetzungen mit. Sie sind von Natur aus neugierig und staunen über die Welt um sich herum. Durch ihre wiederkehrende Suche nach Sinnzusammenhängen versuchen die Kinder, die Welt um sich herum zu begreifen und zu verstehen: Warum können Vögel fliegen? Warum ist die Sonne gelb und das Gras grün? Wer ist mein Freund? Wo fängt der Himmel an? Wie viele Freunde kann man haben? Warum gibt es mich?

Im philosophischen Gespräch geben wir den Kindern die Möglichkeit, ihre Fragen, ihre Gedanken, ihre Ideen und ihre Antworten unbefangen und unbewertet zu äußern. Jeder Gedanke und jede Idee sind wichtig und führen die Gruppe tiefer in das Gespräch. Unser oberstes Ziel ist es, gemeinsam eine Erkenntnis zu gewinnen. Es gibt kein Richtig oder Falsch, Gut oder

Schlecht, Schlau oder Dumm. Jeder Teilnehmer ist gleichberechtigt – unabhängig von Alter, Geschlecht oder Religion. Dadurch entstehen eine respektvolle Gesprächskultur und eine Atmosphäre des Vertrauens. Philosophieren ist somit ein wichtiger Baustein der Demokratie und Partizipation. Durch das Miteinandersprechen, das Einanderzuhören und das Verarbeiten des Gehörten beginnen die Gesprächsteilnehmer, ein eigenes Wertegerüst aufzubauen. Was ist meine Meinung dazu? Was ist mir wichtig? Und: Warum? Was siehst du anders als ich? Und wie kommt es dazu?

Diese Art der Selbstreflexion ist die Grundlage für die Ausbildung einer eigenen Wertehaltung und Moralvorstellung. Dies wird beim Philosophieren aber nicht vorgegeben, sondern entwickelt sich als Prozess im und durch das Kind selbst. Daraus ergibt sich ein an den eigenen Werten entwickeltes Handeln. Wenn zum Beispiel der Erhalt der Natur in diesem Wertegerüst einen hohen Stellwert einnimmt, werden sich der Lebensstil, das Einkaufsverhalten oder die Wahl des Berufes daran orientieren.

Vorgehen: Die philosophische Einheit

Um einen Wiedererkennungswert für die Kinder zu schaffen, ist es wichtig, den philosophischen Einheiten eine feste Struktur zu geben. Das philosophische Gespräch ist in Rituale eingebettet und sollte möglichst immer nach demselben Schema aufgebaut sein. Beginnen Sie nach einem Einstiegsritual mit dem Einstieg in das Gespräch. Dieses endet mit einem Abschluss mit der Möglichkeit der Reflexion. Schließen Sie die Einheit wieder mit einem Ritual ab.

Das Ritual

Durch ein wiederkehrendes Ritual zu Beginn der Einheit werden die Kinder zur Ruhe und Konzentration geführt. Stellen Sie zum Beispiel in ihre philosophische Mitte eine Kerze und zünden Sie diese gemeinsam an oder singen Sie immer das gleiche Lied zusammen. Ziel ist es, eine gute Gesprächsatmosphäre zu bereiten. Am Ende der Einheiten macht das Schlussritual den Kinder das Beenden der philosophischen Einheit deutlich. Hier reicht es zum Beispiel vollkommen aus, die Kerze wieder auszublasen oder das Lied zu wiederholen.

Der Einstieg

Ihr Einstieg hat die zentrale Aufgabe, die Kinder auf das Thema des philosophischen Gespräches einzustimmen. Dies geschieht durch Vorlesen, Erzählen, Malen oder Ähnliches.

Das Gespräch

Nach dem Einstieg führen Sie die Kinder durch gezielte Fragen zum jeweiligen Thema in das Gespräch. Als Erzieher/in tragen Sie die Verantwortung für die Gesprächsführung. Eine wichtige Voraussetzung dafür ist, dass sie keine definitiven Antworten auf die Fragen der Kinder haben. Vielmehr ist die Aufgabe, den Kindern durch gezieltes Fragen zu helfen, die eigenen Antworten zu finden. Grundsätzlich gilt es, immer »offene« Fragen zu stellen, die nicht schnell mit »Ja« oder »Nein« zu beantworten sind. Eva Zoller Morf (2010) spricht in diesem Zusammenhang von Hebammenfragen – also Fragen, welche dem Gedanken helfen, auf die Welt zu kommen. Entscheidende Gesprächsimpulse können sein:

- Was ist das Gegenteil von …?
- Erklärst du es uns mit anderen Worten?
- Habe ich dich richtig verstanden, du meintest …?
- Hast du das schon mal erlebt? Ist das immer so?
- Gilt das nur für dich?
- Gilt das für viele Menschen?
- Gilt das für alle Menschen auf der ganzen Welt?
- Gilt das für Kinder und Erwachsene?
- Gilt das auch für Tiere?
- Ist das nur heute so? Oder gilt dein Gedanke auch morgen noch?
- War das früher auch so?

Zur Unterstützung können Sie diese Fragen auf ein Blatt Papier schreiben und mit in das philosophische Gespräch nehmen. Geben Sie aber auch genügend Zeit zum Nachdenken. Pausen im Gespräch sind oft ein Zeichen dafür, dass sich Kinder Gedanken machen. Zählen Sie innerlich beispielsweise bis zehn, bevor Sie einen neuen Impuls geben!

Sie nehmen während des philosophischen Gespräches die Rolle der Moderatorin oder des Moderators ein. Ihre Aufgabe ist es, auf die Einhaltung der Gesprächsregeln zu achten, den Wuschel (ein Pompon, Ball oder sonstiger Gegenstand, der sich immer in der Hand desjenigen befindet, der spricht) weiterzugeben und das Gespräch neutral zu begleiten, ohne es zu lenken und zu bewerten. Der Fokus ist immer auf die Gesamtgruppe gerichtet. Somit ist das, was die Gruppe als wichtig empfindet, der rote Faden für Ihre Gesprächsführung. Durch gezieltes Fragen geben Sie dem Gespräch der Kinder neue Impulse. Sie sind deshalb nicht inhaltlich am Gespräch beteiligt, außer die Kinder stellen gezielt eine Frage an Sie persönlich (Wie siehst DU das? Hast DU auch Angst? ...). Die Akademie Kinder philosophieren (Rude/Simbeck/Witt-Kruse/Zeitler 2007) nennt hierzu vier Grundregeln für die Gesprächsführung:

- Ich suche nicht nach der richtigen Antwort.
  → Ziel ist es, vermeintliches Wissen zu hinterfragen, um neue Erkenntnisse zu gewinnen.
- Ich orientiere mich an der Erfahrung der Kinder.
  → Wir umkreisen gemeinsam das Thema und ich achte auf den roten Faden.
- Ich fasse zusammen.
  → Ohne zu bewerten und zu beeinflussen. Wir finden einen gemeinsamen Standpunkt oder eine Definition und gehen davon aus weiter.
- Ich will den anderen nicht überzeugen,
  → sondern ihn besser verstehen.

Der Abschluss

Am Ende ist es wichtig, den Kindern den Gesprächsverlauf nochmals in Erinnerung zu rufen. Fassen Sie allein oder mithilfe der Gruppe das Gespräch kurz und ohne Bewertung zusammen. Beenden Sie dann die Einheit wieder mit einem Ritual. Blasen Sie zum Beispiel die Kerze in ihrer philosophischen Mitte aus oder applaudieren Sie sich alle gemeinsam für die tollen Gedanken.

Die Reflexion

Um Werte entwickeln zu können, sollte ein Kind wissen, wie seine Haltung zu Beginn des Gespräches war und was es dazu gebracht hat, eventuell seine Ansicht zu verändern. Seine Selbstreflexion geschieht indirekt durch die Zusammenfassung im Abschluss des Gespräches.
Um sich auch als Gesprächsleitung weiterentwickeln zu können, nehmen Sie sich nach der Einheit einige Minuten zur Selbstreflexion Zeit. Stellen Sie sich folgende Fragen: »Wie habe ich mich verhalten? Welche Aussagen der Kinder haben das Gespräch in die Tiefe gehen lassen? Wie bin ich darauf eingegangen? Wie haben die Kinder aufeinander reagiert? Gibt es Fragen oder Aussagen, die zu einem weiteren philosophischen Gespräch anregen?«

Philosophische Grundhaltung

Wie eingangs beschrieben, bedeutet Philosophieren wörtlich übersetzt »Liebe zur Weisheit«. Wir machen uns also im Gespräch gemeinsam auf den Weg, Weisheit zu finden. Diese Verantwortung prägt den gesamten Gesprächsverlauf. Denn dies setzt voraus, dass Erwachsene keine vorgegebene Antwort auf die Fragen der Kinder haben. Vielmehr ist es die Aufgabe, den Kindern durch gezieltes Fragen zu helfen, die eigenen Antworten zu finden. Beim Philosophieren geht es also nicht um Wissensvermittlung oder Wissensabfrage. Freude und Spaß am Nachdenken und am Dialog stehen im Vordergrund.

Dazu sollten alle Gesprächsmitglieder

- neugierig und wissbegierig,
- bereit zur aktiven Suche nach der Wahrheit ,
- interessiert am Dialog und am aktiven Zuhören und
- offen gegenüber neuen Standpunkten und Ideen sein.

Dies gelingt durch die Haltung des Moderators und bedeutet:

- Als Moderator nehme ich das Kind als gleichwertigen Gesprächspartner an.
- Ich hinterfrage allgemeine Antworten des Kindes um auf den Grund der Aussage zu kommen.
- Ich selbst habe keine vorgegebene Antwort als Gesprächsziel.
- Ich bewerte keine Antwort (weder positiv noch negativ).

So erlernt auch das Kind diese Haltung und kann diese für sich selbst umsetzen. Dies kann nachhaltig bedeuten:

- Ich akzeptiere, was ein anderes Kind sagt, obwohl ich anderer Meinung bin.
- Ich lache nicht über die Gedanken eines anderen.
- Ich versuche mich in eine andere Person hinein zu versetzten.

Sie werden erleben, dass das gemeinsame philosophische Gespräch Ihnen einen neuen Blick in die Gedankenwelt des Kindes ermöglicht. Sobald sich die Kinder an diese Art des Gespräches gewöhnt haben, werden sie ihren Gedanken freien Lauf lassen und sie werden einander auf Augenhöhe begegnen. Entdecken Sie, welche Freude es macht, in ein Gespräch vertieft zu sein. Wie spannend es ist, neue Gedankenwelten zu erschließen, und wie viel Spaß es bereitet, sich gemeinsam auf die Suche nach Weisheit zu machen.

Philosophieren mit Bilderbüchern

Bilderbücher sind ein wunderbares Mittel, um gemeinsam mit Kindern philosophischen Fragen nachzugehen. Fantasiereiche Zeichnungen und vorgelesene Texte regen die Neugier der Kinder an und schaffen damit viele Anlässe für Nachfragen und (Selbst-)Reflexion.
Die folgenden Bücher, die in diesem Projektheft thematisiert werden, laden besonders zum Philosophieren ein:

Leo Lionni
Frederick

Oliver Scherz,
Eva Muggenthaler
Der kleine Erdvogel

Lorenz Pauli,
Kathrin Schärer
Mutig, mutig

Axel Scheffler,
Julia Donaldson
Räuber Ratte

Martin Baltscheit,
Christine Schwarz
Ich bin für mich

Die kleine Feldmaus »Frederick« sammelt das Jahr über Gedanken, während die restliche Mäusefamilie alles zum Überleben Notwendige für den Winter sucht. Die Geschichte bietet viele Anknüpfungspunkte für Fragen zum Thema Werte und Gedanken. »Der kleine Erdvogel« ist eigentlich ein Maulwurf, der gerne fliegen könnte. Trotz aller Umstände glaubt er fest an sein Ziel. Fragen nach Glück und Träumen sind hier von Bedeutung. Der Frosch, die Maus, die Schnecke und der Spatz im Bilderbuch »mutig, mutig« sind Freunde. Aus Langeweile beginnen sie eines Tages mit Mutproben. Welches Verhalten ist mutig? »Räuber Ratte« reitet durch die Lande und stiehlt alles, was ihm in die Finger kommt. Erst eine kleine und sehr schlaue Ente setzt den Dieb außer Gefecht. Es stellt sich die Frage nach Gut und Böse und was gerecht ist. Mit dem Bilderbuch »Ich bin für mich« lernen Kinder das Prinzip Demokratie näher kennen. Gedanken über Partizipation und welche Rechte und Pflichten Verantwortung mit sich bringt, sind zentral.

Rahmenbedingungen

Bereits Kinder ab vier Jahren können an philosophischen Gesprächen teilnehmen. Nach oben ist dem Alter keine Grenze gesetzt. Die Gruppe sollte aus sechs bis 14 Kindern bestehen. Hinzu kommen Sie als Gesprächsleiterin oder Gesprächsleiter.

Eine philosophische Einheit kann durch die unterschiedlichen Einstiege und je nach Konzentrationsfähigkeit der Kinder zwischen 30 bis 60 Minuten dauern. Zur besseren Konzentration bietet sich für die Kinder der Stuhlkreis zum Philosophieren an. Um ein Ritual daraus entwickeln zu können, sollte dieser immer im selben Raum oder derselben Umgebung gestellt sein. Selbstverständlich sind auch alle Varianten des Stuhlkreises, wie ein Sitzkreis mit Kissen, mit Bänken oder Matten am Boden, möglich.

Die philosophische Mitte

Gestalten Sie immer einen Mittelpunkt in Ihrem Kreis. Am einfachsten beginnen Sie mit einem Tuch, welches die Mitte symbolisiert, darauf können Sie nun Ihren Gesprächswuschel und andere symbolische Gegenstände legen, die Ihnen und den Kindern für das gemeinsame Philosophieren wichtig sind, zum Beispiel: eine Vase mit Blumen, welche die Gedanken zum Blühen bringt;
Seifenblasen, welche die Gedanken fliegen lassen;
ein Zimmerbrunnen, der Ideen sprudeln lässt;
ein Gedankenstein, der die Kraft der Ideen darstellt.
Ihre philosophische Mitte kann und wird sich im Laufe der Zeit – zusammen mit den Ideen der Kinder – weiterentwickeln und verändern.

FREDERICK

»Und weil es bald Winter wurde, begannen die kleinen Feldmäuse Körner, Nüsse, Weizen und Stroh zu sammeln. Alle Mäuse arbeiteten Tag und Nacht. Alle – bis auf Frederick.«

Zitat aus: Frederick

Das bekannte Bilderbuch »Frederick« eignet sich hervorragend zum Einstieg ins Philosophieren mit Kindern. Die kleine Feldmaus Frederick sammelt das Jahr über Gedanken, während die restliche Mäusefamilie alles zum Überleben Notwendige für den Winter sucht. Hier stellt sich die Frage: »Wer erledigt hier die wichtigere Aufgabe?« In diesem Kapitel gehen Sie mit den Kindern den philosophischen Fragen zu Werten und Gedanken auf den Grund.

Folgende Fragen sind in diesem Kapitel zentral:

- Wer entscheidet, was wichtig ist?
- Gibt es einen Wert, der allen Menschen wichtig ist?
- Was ist mir wichtig?
- Was ist wertvoll?
- Was sind Träume?
- Hat Langeweile einen Wert?
- Woher kommen die Gedanken?
- Woher weiß ich, was der andere denkt?

Das Bilderbuch

Ziele
- → Konzentration schulen
- → Gesprächskultur erfahren

Alter
4 bis 6 Jahre

Gruppengröße
KG, GG

Vorbereitungszeit
10 Minuten

Dauer
45 Minuten

Materialien
- → Bilderbuch »Frederick«

Einstieg ins Philosophieren

Frederick ist anders als die anderen Mäuse. Wie kommt er auf die Idee, Farben, Düfte und Gedanken zu sammeln? Die Kinder überlegen sich gemeinsam mit Ihnen, was in dieser Situation wichtig sein könnte und wie man dies herausfindet.

→ Vorbereitung

- Bereiten Sie den Stuhlkreis und die philosophische Mitte im Raum vor.

→ So geht's

- Beginnen Sie mit Ihrem persönlichen philosophischen Einstiegsritual und lesen Sie dann das Bilderbuch vor. Anschließend legen Sie es in die Mitte des Stuhlkreises. Regen Sie das Gespräch mit den Kindern an, indem Sie folgende Impulsfragen stellen:

? War das, was Frederick gesammelt hat, wichtig?

? Wie haben sich die anderen Mäuse gefühlt, als sie sahen, dass Frederick nichts Erkennbares einsammelt?

? Wie ginge es den Mäusen, wenn Frederick keine Gedanken, Farben und Düfte gesammelt hätte?

? Was würde passieren, wenn alle das Gleiche sammeln würden?

→ Abschluss

- Fassen Sie das Gespräch in wenigen Sätzen zusammen. Beginnen Sie mit der Ausgangsfrage und wiederholen Sie neutral in Ihren eigenen Worten kurz das Gespräch. Beenden Sie die philosophische Einheit mit Ihrem Abschlussritual.

Tipp

Nicht immer muss das Philosophieren mit dem Ritual begonnen werden. So wie hier beim gemeinsamen kreativen Tun ergeben sich oft die philosophischen Gespräche von selbst. Seien Sie selbst aufmerksam und reagieren Sie entsprechend auf die Fragen und Antworten der Kinder. Durch Ihr sensibles Rückfragen und die dadurch entstehende Atmosphäre philosophieren sie auch ohne den gewohnten Rahmen.

Eine Kerze gestalten

Ziele
- Kreativität fördern
- Fingerfertigkeit üben

Alter
4 bis 6 Jahre

Gruppengröße
KG

Vorbereitungszeit
20 Minuten

Dauer
45 Minuten

Materialien
- 1 weißer Kerzenrohling (Durchmesser mind. 10 cm)
- verschiedenfarbige Wachsplatten
- 1 Maltischdecke
- 1 Kerzenständer
- 1 Cuttermesser

Einstieg ins Philosophieren

Frederick hat seine Gedanken und Ideen gesammelt und sie für den dunklen Winter aufbewahrt. Damit sich auch bei den Kindern neue Gedanken »entzünden« können, gestalten Sie zusammen eine Kerze. Diese kann dann künftig in der philosophischen Mitte stehen.

→ Vorbereitung

- Legen Sie auf einem Tisch alle Materialien zum Gestalten der Kerze bereit.

→ So geht's

- Setzen Sie sich mit den Kindern um den Tisch mit den Materialien. Erklären Sie den Kindern, dass Sie gemeinsam mit ihnen eine Kerze für die philosophische Mitte gestalten möchten. In Anlehnung an die Geschichte von Frederick fragen Sie die Gruppe, wie denn die Kerze aussehen könnte. Unterstützende Fragen können sein:

  ? Was hilft dir beim Denken?

  ? Gibt es Farben, die das Nachdenken leichter machen?

  ? Gibt es Symbole, die uns beim Denken helfen?

  ? An was soll uns die Kerze erinnern, wenn wir sie in unserer Mitte haben?

- Während die Kinder erzählen, notieren Sie die Gedanken. Anschließend entscheiden Sie gemeinsam als Gruppe, was die Kerze schmücken soll. Die Kinder können dann selbsttätig ihre Motive und Farben auf der Kerze anbringen. Die Wachsteile lassen sich ganz einfach von den Platten abbrechen und kneten. Nun können die Kinder nach ihren eigenen Vorstellungen Kugeln, Kreise, Streifen und Motive formen. Mit dem Cuttermesser können Sie auch nach den Ideen der Kinder Formen ausschneiden.

→ Abschluss

- Wenn die Kerze fertig ist, suchen Sie mit den Kindern gemeinsam einen Platz dafür, sodass sie künftig bei den philosophischen Einheiten in die Mitte gestellt werden kann.

→ Variation

- Es eignen sich alle Kerzen für das Ritual. Sie können auch von den Kindern Kerzenreste mitbringen lassen und diese zu einer neuen Kerze verschmelzen. Die Symbolik, dass von jedem Kind ein Teil in der gemeinsamen Kerze ist, ist sehr schön und wird auch von den Kindern verstanden.

Unser Korb

Ziele
- eine demokratische Entscheidung treffen
- Geschmackssinn schulen

Alter
4 bis 6 Jahre

Gruppengröße
KG, GG

Vorbereitungszeit
20 Minuten

Dauer
45 Minuten

Materialien
- Bilderbuch »Frederick«
- Früchte und Lebensmittel aus der Geschichte, wie Beeren, Nüsse und Getreide
- versch. Süßigkeiten
- weitere Obstsorten
- 1 Scheibe Brot
- versch. Getränke, wie Milch, Wasser und Saft
- 1 Korb für Lebensmittel
- 1 Tuch
- 1 Fotoapparat

Einstieg ins Philosophieren

Die Vorratskammer der Mäuse ist zunächst gefüllt. Wenn nun die Kinder entscheiden müssten, was sie zum Überwintern mit in die Höhle nehmen würden, was wäre das? Es gibt viele leckere Dinge, die Kinder gern essen. Ist die Verlockung groß, das zu nehmen, was einem selbst am besten schmeckt? Oder ist es sinnvoll, sich für das zu entscheiden, was alle aus der Gruppe mögen? Und wie kann ich das herausfinden? Kann die Gruppe es schaffen, eine demokratische und für alle zufriedenstellende Entscheidung zu treffen?

→ Vorbereitung

- Gestalten Sie zunächst die Mitte des philosophischen Stuhlkreises mit den Zutaten aus der Geschichte, also Beeren, Getreide, Nüsse und Mais. Halten Sie die weiteren Lebensmittel, Süßigkeiten und Getränke verdeckt in Ihrem Korb bereit.

→ So geht's

- Beginnen Sie mit Ihrem persönlichen philosophischen Einstiegsritual. Lassen Sie die Kinder die Geschichte in ihren eigenen Worten wiederholen. Legen Sie nun die weiteren Nahrungsmittel, Getränke und Süßigkeiten aus dem Korb in die Mitte. Beginnen Sie mit der Einstiegsfrage:

  ? Wenn wir alle hier auch in einer Höhle überwintern müssten, was würden wir davon aus unserer Kreismitte mitnehmen?

- Verfolgen Sie das Gespräch und stellen Sie unterstützende Fragen, wie:

  ? Warum möchtest du genau das Lebensmittel mitnehmen?

  ? Was ist, wenn es nicht mitgenommen wird?

  ? Hilft uns das über den Winter? Fehlt etwas in unserer Mitte, was wir dringend brauchen?

→ Abschluss

- Zum Schluss legen Sie gemeinsam mit den Kindern die Lebensmittel und Getränke, für die sich die Gruppe entschieden hat, in den Korb und fotografieren ihn.
- Fassen Sie das Gespräch als Rückblick für die Kinder nochmals zusammen. Nach dem Abschlussritual kann sich jedes Kind aus der Mitte ein Lebensmittel aussuchen und essen.

→ Variation

- Wenn sich die Kinder beim Gespräch nur schwer einigen können, beschränken Sie die Zahl der Lebensmittel, die mitgenommen werden können, auf fünf Sorten. Somit müssen sich die Kinder gezielter entscheiden und aufeinander eingehen.

Tipp

Wenn Sie bemerken, dass die Kinder über ein Thema noch weiter philosophieren möchten, können Sie die Fotos von Gesprächsergebnissen – wie hier der Korb mit Lebensmitteln – als neuen Einstig für ein weiteres philosophisches Gespräch verwenden.

Ein Spaziergang

Ziele
- → sich in der Natur bewegen
- → Blick für Details schärfen

Alter
4 bis 6 Jahre

Gruppengröße
KG, GG

Vorbereitungszeit
10 Minuten

Dauer
Ein Spaziergang und 30 Minuten philosophieren

Materialien
- → für jedes Kind 1 Tasche oder 1 Körbchen, um gesammelte Materialien mitnehmen zu können

Einstieg ins Philosophieren

Die Kinder haben sich schon mit der Geschichte von Frederick auseinandergesetzt. Jetzt geht es darum, selbst tätig zu werden. Gehen Sie mit den Kindern auf Entdeckungsreise. Der Spaziergang gibt der Gruppe die Möglichkeit, genauso wie die Mäuse Dinge zu entdecken und zu sammeln, die »wertvoll« sind.

→ Vorbereitung

- Bereiten Sie den Stuhlkreis mit der philosophischen Mitte vor.

→ So geht's

- Gehen Sie mit der Kindergruppe in Ihrer näheren Umgebung spazieren. Jedes Kind hat seine Tasche oder sein Körbchen dabei. Nun ist es die Aufgabe, »Schätze« zu sammeln. Regen Sie die Kinder während des Sammelns mit Fragen an:

? Was ist wohl für eine Maus wichtig?

? Über was würdest du dich als Maus im Winter freuen?

- Wenn Sie den Eindruck haben, dass die Kinder zufrieden mit den gefundenen Schätzen sind, gehen Sie gemeinsam zum Kindergarten zurück. Dort setzen Sie sich in den Stuhlkreis und beginnen mit Ihrem philosophischen Einstiegsritual. Danach beginnt das erste Kind, der Gesamtgruppe zu zeigen, was es gesammelt hat und auch warum gerade das als wichtig empfunden wurde. Nun können die Kinder nach und nach ihre Fundstücke zeigen, sodass am Ende alle Schätze in der Mitte des Kreises liegen.

→ Abschluss

- Lassen Sie am Ende die Kinder entscheiden, ob die gesammelten Materialien im Kindergarten aufbewahrt werden sollen oder ob jedes Kind seinen »Schatz« mit nach Hause nehmen möchte. Beenden Sie die Einheit mit dem Abschlussritual.

Meine Fingermaus

Ziele
- Fingerfertigkeit üben
- Perspektiven anderer kennenlernen

Alter
4 bis 6 Jahre

Gruppengröße
KG, GG

Vorbereitungszeit
15 Minuten

Dauer
45 Minuten

Materialien
- Bilderbuch »Frederick«
- 1 Vorlage für einen Halbkreis (Durchmesser ca. 15 cm) aus Karton
- graues Tonpapier (1 A4-Papier ergibt 3 Halbkreise)
- 1 Schere pro Kind
- Bastelkleber
- 12 Bleistifte
- schwarze Stifte für die Augen

Gedanken und Gefühlen begegnen

Als Frederick seine Gedanken erzählt, beginnen die Mäuse, zu träumen. Hier liegt die Frage nah, woher die Träume kommen. Im Vorfeld können Sie sich Gedanken darüber machen, wie man von etwas träumen kann, was man noch nie gesehen oder erlebt hat. Wie geht es blinden Menschen, die keine bildlichen Erfahrungen haben? Und ist die Erfüllung eines Traumes überhaupt erstrebenswert? Machen Sie sich mit den Kindern auf den Weg, dies gemeinsam herauszufinden.

→ Vorbereitung

- Legen Sie das Bilderbuch »Frederick« im Stuhlkreis in Ihre philosophische Mitte. Das Bastelmaterial liegt auf der Seite bereit. Wenn Sie lieber an einem Tisch basteln möchten, bereiten Sie diesen entsprechend vor.

→ So geht's

- Starten Sie mit Ihrem Einstiegsritual. Beginnen Sie dann das Gespräch damit, dass die Kinder die Geschichte des Bilderbuches wiedergeben. Danach stellen Sie Ihre Einstiegsfrage: »Die Mäuse träumen im Winter vom Sommer – wer von euch hatte auch schon mal einen Traum?« Lassen Sie die Kinder von ihren Träumen erzählen und führen Sie dann das Gespräch weiter mit folgenden Fragen:

? Woher kommen die Träume?

? Muss ich etwas schon erlebt haben, um davon träumen zu können?

? Was ist, wenn ein Traum sich erfüllt?

? Haben sich eure Träume schon mal erfüllt?

? Wie viele Träume kann man haben?

? Träumen alle Menschen?

? Träumen auch Tiere?

→ Abschluss

- Fassen Sie am Ende das Gespräch mithilfe der Kinder zusammen. Als Erinnerung an das Gespräch gestalten Sie mit den Kindern noch kleine Fingermäuse. Lassen Sie die Kinder den vorbereiteten Halbkreis aus Karton auf dem Tonpapier nachzeichnen und ausschneiden. Dann wird der Tonhalbkreis wie eine Schultüte zusammengedreht und je nach Größe des Fingers zusammengeklebt. Mit dem Stift können noch die Augen, Ohren und Barthaare aufgemalt werden. Wenn alle Mäuse fertig sind, kommen Sie zum Abschlussritual nochmals im Stuhlkreis zusammen.

→ Variation

- Sie können mit den Kindern auch bereits im Vorfeld die Mäuse gestalten und sie in den Kreis zum Philosophieren mitnehmen.

Tipp

Es ist ein sehr gutes Zeichen, wenn sich in den Gesprächen die Fragen der Kinder wiederholen oder sie immer wieder auf den gleichen Ausgangspunkt zurückkommen. Bestärken und unterstützen Sie dies, denn es ist ein Zeichen dafür, dass die Gruppe interessiert ist und sich mit dem Thema auseinandersetzt. Also, keine Angst vor Wiederholungen!

Gedanken und Gefühlen begegnen

Jedes Kind hat schon die Erfahrung anstrengender Wartephasen gemacht und weiß, wie unzufrieden einen das stimmen kann. Aber wie kann man solche Phasen überstehen? Woher wusste nun Frederick, dass gerade seine Gedanken, Farben und Bilder für den Winter den Mäusen gefallen würden und er somit der Mäusefamilie Freude und Abwechslung bereiten kann?

→ Vorbereitung

- Stellen Sie einen Stuhlkreis und legen Sie das Bilderbuch »Frederick« mit in Ihre philosophische Mitte.

→ So geht's

- Beginnen Sie mit Ihrem persönlichen Einstiegsritual. Lassen Sie danach das Bilderbuch von den Kindern kurz nacherzählen. Dann stellen Sie die Einstiegsfrage:

? Wenn Frederick keine Farben, Düfte und Worte gesammelt hätte, wäre es dann langweilig in der Höhle geworden?

- Lassen Sie die Kinder antworten und darüber nachdenken. Weiterführende Fragen für das philosophische Gespräch können sein:

? War dir schon langweilig?

? Was hast du gemacht?

? Kann Langeweile auch sinnvoll sein?

? Kennen auch Erwachsene Langeweile?

? Empfindet jeder Langeweile gleich?

→ Abschluss

- Wiederholen Sie, ohne zu bewerten, in Ihren eigenen Worten den Gesprächsverlauf. Beenden Sie die Einheit mit Ihrem Abschlussritual.

Gemeinsam nachdenken

Ziele
→ einander zuhören
→ Fantasie entwickeln

Alter
4 bis 6 Jahre

Gruppengröße
KG, GG

Vorbereitungszeit
20 Minuten

Dauer
45 Minuten

Materialien
→ Bilderbuch »Frederick«

Theater spielen

Ziele
- Improvisieren üben
- vor einer Gruppe sprechen

Alter
4 bis 6 Jahre

Gruppengröße
KG, GG

Vorbereitungszeit
15 Minuten

Dauer
45 Minuten

Materialien
- schwarze, braune, weiße und graue Schminkfarbe
- Stift und Papier für Ihre Notizen

Gedanken und Gefühlen begegnen

Kinder lieben es, in fremde Rollen zu schlüpfen. Dieser Perspektivenwechsel hilft ihnen, sich in andere hineinzuversetzen und wie diese zu handeln. Die Geschichte von Frederick lässt sich wunderbar in einem improvisierten Spiel umsetzen.

→ Vorbereitung

- Bereiten Sie einen Stuhlkreis mit Ihrer philosophischen Mitte vor. Malen Sie jedem Kind einen Punkt als Mäusenase in seiner Wunschfarbe auf die Nase, Sie können auch noch die Barthaare andeuten.

→ So geht's

- Erzählen Sie den Kindern kurz in Ihren Worten die Geschichte nach. Wenn es Ihnen leichter fällt, können Sie auch auszugsweise Texte aus dem Buch vorlesen.
- Legen Sie danach die Rolle des Frederick fest – dies kann aber auch die Kindergruppe entscheiden. Lassen Sie nun die Kinder selbst die Geschichte nachspielen und greifen Sie so wenig wie möglich in das Spiel der Kinder ein. Die Kinder werden schnell in das Stück einfinden und wie die Mäuse in der Geschichte agieren.
- Versuchen Sie, die Dialoge, welche entstehen, mitzuschreiben. Achten Sie darauf: Was sagen die »Mäuse« zu Frederick, wenn er keine Lasten trägt? Wie reagieren die »Mäuse«, wenn Frederick Geschichten erzählt?
- Wenn die Kinder mit dem Spielen fertig sind, setzen Sie sich zusammen. Fragen Sie die Kinder, die »gearbeitet« haben, wie sie sich gefühlt haben, als sie sahen, dass Frederick nichts getragen hat. Lassen Sie auch das Kind, welches den Frederick dargestellt hat, sein Spiel erläutern. Unterstützen Sie das Gespräch, wenn nötig, mit Fragen:

→ Abschluss

? Was hat dich geärgert?

? Was wäre passiert, wenn Frederick auch Material gesammelt hätte?

- Fassen Sie das Stück kurz zusammen und beenden Sie das Gespräch mit Ihrem Abschlussritual.

→ Variation

- Sie können so oft spielen, wie die Kinder Lust darauf haben oder bis jedes Kind einmal Frederick sein konnte.

Tipp

Wenn die Kinder Freude daran haben, spielen Sie das Stück doch der Kindergartengruppe oder dem gesamten Kindergarten vor. Selbstverständlich können Sie es dann noch mit weiteren Utensilien ausschmücken, wie zum Beispiel mit Heuballen, Steinen, einer gemalten Mauer, Watte als Schnee usw.

Gedanken und Gefühlen begegnen

Jeder Mensch – und jede Maus? – hat seine eigenen Ideen und Gedanken. Doch woher kommen diese? Die Kinder kennen alle die gleiche Geschichte und doch hat jedes einzelne seine eigenen Vorstellungen darüber. Wie kann das sein? Machen Sie sich mit den Kindern auf den Weg, gemeinsam darüber nachzudenken.

Eine Landschaft legen

Ziele
- Vorstellungskraft entwickeln
- eine Gemeinschaftserfahrung machen

Alter
4 bis 6 Jahre

Gruppengröße
KG, GG

Vorbereitungszeit
20 Minuten

Dauer
45 Minuten

Materialien
- Bilderbuch »Frederick«
- verschiedenfarbige Tücher zum Gestalten einer Landschaft
- 2–3 Maiskolben
- kleine Zweige
- Steine
- Stroh, Heu oder Getreide
- Knetmasse

→ Vorbereitung

- Stellen Sie einen Stuhlkreis und legen Sie das Gestaltungsmaterial und das Bilderbuch »Frederick« mit in Ihre philosophische Mitte.

→ So geht's

- Beginnen Sie mit Ihrem Einstiegsritual und animieren Sie dann die Kindergruppe dazu, anhand der Materialien gemeinsam eine Landschaft für Frederick zu legen. Aus Tüchern und Ästen können Bäume und Büsche gestaltet werden. Steine und Gräser um ein blaues Tuch gelegt, lassen vielleicht einen Teich entstehen. Aus Rindenstücken wird ein Weg und aus dem Getreide ein Feld. Geben Sie hier der Fantasie der Kinder viel Raum. Wenn diese fertig sind, stellen Sie Ihre Einstiegsfrage:

? Woher hattet ihr die Ideen und Gedanken zu dieser Landschaft?

Weitere Fragen im Gespräch können sein:

? Wusstet ihr vorher, wie die Landschaft aussehen soll?

? Haben euch z.B. die Handlungen von anderen Kindern auf neue Ideen gebracht? (Hier können Sie auch direkte Beispiele und Namen von Kindern nennen.)

? Waren die Gedanken schon vorher in eurem Kopf?

? Hat jeder Mensch Gedanken und Ideen?

? Was denken andere, wenn sie unsere gebaute Landschaft sehen?

? Gibt es ein Gegenteil von Denken?

? Kannst du »Nicht-Denken«?

→ Abschluss

- Beenden Sie die Einheit damit, dass Sie sich nochmals zusammen die gebaute Landschaft ansehen und diese dann gemeinsam wieder abbauen.

→ Variation

- Sie können die Landschaft auch auf einem Tisch gestalten, welcher dann im Gruppenraum für ein paar Tage stehen bleiben kann. So erinnern sich die Kinder immer wieder an das Gespräch.

DER KLEINE ERDVOGEL

»Als der kleine Maulwurf nachts im Bett liegt, riecht er nach Wind und weiter Welt. ›Ich kann fliegen‹, flüstert er der Erde zu.«

Zitat aus: Der kleine Erdvogel

Der kleine Maulwurf hat einen Traum – er möchte fliegen können. Aber wir alle wissen, dass Maulwürfe nun mal unter der Erde leben und dieser Wunsch eigentlich »unmöglich« zu erfüllen ist. Doch unbeirrbar geht er seinen Weg und lässt sich nicht von seinem Ziel abbringen. Die Geschichte, ob und wie ihm das gelingt, wird im Bilderbuch »Der kleine Erdvogel« liebevoll erzählt. Welche philosophischen Gedanken können sich daraus für Kinder ergeben?

Folgende Fragen sind in diesem Kapitel zentral:

- Was kann ich?
- Wer bin ich?
- Woher kommen die Träume?
- Was macht mich glücklich?
- Kann ich ein Schatz sein?
- Was macht mich aus?
- Was ist ein Traum?
- Kann ich alles, wenn ich es nur will?

Das Bilderbuch

Ziele
- → Konzentration üben
- → Gesprächsregeln einhalten

Alter
4 bis 6 Jahre

Gruppengröße
KG, GG

Vorbereitungszeit
10 Minuten

Dauer
45 Minuten

Materialien
- → Bilderbuch »Der kleine Erdvogel«

Einstieg ins Philosophieren

Der kleine Maulwurf würde so gern fliegen können. Aber alle sagen ihm, dass er das nicht kann. Wird er dennoch seinen Traum verwirklichen können? Wie oft erleben auch Kinder, dass ihnen Grenzen gesetzt werden. Durch das gemeinsame Philosophieren können wir sie darin bestärken, auf sich selbst zu hören, und sie dazu ermutigen, manchmal Grenzen zu überschreiten.

→ Vorbereitung

- Bereiten Sie Ihren Stuhlkreis mit der philosophischen Mitte vor. Halten Sie das Bilderbuch bereit.

→ So geht's

- Beginnen Sie die Einheit mit Ihrem philosophischen Ritual und lesen Sie dann den Kindern das Bilderbuch vor. Danach legen Sie das Buch in die philosophische Mitte. In Ihrer Rolle als Gesprächleiter/in fragen Sie die Kinder, was ihnen in der Geschichte am besten gefallen hat. Lassen Sie die Kinder frei nacherzählen. Weitere Fragen können das Gespräch unterstützen:

? Könnt ihr verstehen, warum der Maulwurf so gern fliegen möchte?

? Was hättet ihr zum Maulwurf gesagt, wenn er euch um Rat gefragt hätte?

? Was würdet ihr gern tun können? Was wäre dann anders für dich?

? Gibt es etwas, was alle Menschen gern können würden?

? Gibt es etwas, was alle Menschen können sollten?

→ Abschluss

- Wiederholen Sie am Ende den Gesprächsverlauf in Ihren eigenen Worten, ohne die Inhalte zu kommentieren oder zu bewerten. Beenden Sie danach die Einheit mit Ihrem persönlichen Abschlussritual.

Ein Bild von mir

Ziele
- → Fingerfertigkeit üben
- → Selbstbewusstsein erfahren

Alter
4 bis 6 Jahre

Gruppengröße
KG, GG

Vorbereitungszeit
15 Minuten

Dauer
45 Minuten

Materialien
- → 1 Foto von jedem Kind
- → Klebstoff
- → für jedes Kind DIN-A4- oder DIN-A3-Papier
- → Buntstifte in allen Farben
- → 1 Malerkittel pro Kind
- → bei Bedarf Malunterlagen oder Maltischdecken

Einstieg ins Philosophieren

Den kleinen Erdvogel bewegt die Frage, wer er ist und was er kann. Auch die Kinder stellen sich diese Frage oft. Es geht darum, Unterschiede und Ähnlichkeiten untereinander festzustellen und zu erfahren, dass jeder etwas Besonderes ist. Die Kinder erleben so, wie wichtig und wertvoll sie mit ihren eigenen Talenten und Fähigkeiten sind.

→ Vorbereitung

- Stellen Sie einen Stuhlkreis und gestalten Sie Ihre philosophische Mitte. Außerdem bereiten Sie entsprechend der Anzahl der Kinder Tische zum Malen vor und legen darauf das Material zurecht.

→ So geht's

- Beginnen Sie mit Ihrem Einstiegsritual im Stuhlkreis. Im folgenden Gespräch lassen Sie die Kinder das Bilderbuch »Der kleine Erdvogel« wiederholen. Stellen Sie dann die Fragen:

  - ? Was gehört zu dir? Was macht dich aus?
  - ? Wie erkennen dich andere?
  - ? Woran erkennst du deine Freundin, deinen Freund? Was ist toll an ihm? An ihr?
  - ? Erkennt man dich auch an Dingen, die man nicht sehen kann?
  - ? Was macht dich unverwechselbar?

- Am Ende des philosophischen Gespräches setzen Sie sich an die Tische. Jetzt erhält jedes Kind ein Blatt und klebt sein eigenes Foto in die Mitte. Um das Foto herum malt nun jedes Kind Dinge, die sein Ich ausmachen. Unterstützen Sie die Kinder dabei und beschriften Sie auf Wunsch die Zeichnungen.

→ Abschluss

- Schauen Sie sich gemeinsam die Bilder an. Wer möchte, darf sein Werk erklären. Wenn es für die Gruppe in Ordnung ist, hängen Sie die Bilder im Kindergarten auf. Dann beenden Sie die Einheit mit Ihrem Abschlussritual.

→ Variation

- Sie können auch das Bild des Kindes bereits im Vorfeld aufkleben und dann gemeinsam in der Gruppe gegenseitig aufmalen lassen, was jedes Kind unverwechselbar und besonders macht.

Tipp

Dies ist auch ein wunderbares Blatt für die Portfoliomappe. Wenn Sie die Aktion am Anfang des Kindergartenjahres machen, könnten Sie zum Abschied im Juni oder Juli das Blatt nochmals mit den Kindern ansehen und in einer eigenen Einheit fragen, ob das Kind sich auch heute noch so beschreiben würde, ob etwas Neues dazugekommen ist oder was es am Bild verändern würde.

Mein Erdvogel

Ziele
- Fingerfertigkeit entwickeln
- Kreativität fördern

Alter
4 bis 6 Jahre

Gruppengröße
KG,

Vorbereitungszeit
10 Minuten

Dauer
45 Minuten

Materialien
- für jedes Kind ausreichend Ton
- Wasser in Schälchen
- Tonbesteck

Einstieg ins Philosophieren

Der größte Wunsch des kleinen Maulwurfes ist es, fliegen zu können. Sobald man diese Geschichte hört, hat man Bilder im Kopf, wie dieses Tier dann aussehen müsste. Durch das Gestalten mit Ton haben die Kinder nun die Möglichkeit, ihren Maulwurf so zu formen, dass er wirklich fliegen kann. Wie werden die fertigen Erdvögel wohl aussehen?

→ Vorbereitung

- Bereiten Sie einen Raum und den Ton so vor, dass nach dem Einstiegsritual mit dem Tonen begonnen werden kann.

→ So geht's

- Setzen Sie sich mit den Kindern an die vorbereiteten Tische und beginnen Sie mit Ihrem Einstiegsritual. Dann lassen Sie von der Gruppe kurz den Inhalt des Bilderbuchs vom kleinen Erdvogel wiedergeben. Fragen Sie anschließend die Kinder, wie der Maulwurf denn aussehen müsste, um fliegen zu können. Die Kinder können alle ihre Ideen äußern und ihrer Fantasie freien Lauf lassen. Erklären Sie den Kindern nun, dass sie den Erdvogel aus Ton formen können. Geben Sie jedem Kind eine entsprechende Menge Ton. Während die Kinder den Ton mit dem Besteck formen, können Sie folgende Fragen stellen:

? Was wünscht sich der Erdvogel?

? Warum wünscht er sich das?

? Wird er glücklich sein, wenn sich sein Traum erfüllt?

? Welchen Traum hast du?

→ Abschluss

- Die getonten Erdvögel müssen zwei bis drei Tage trocknen. Stellen Sie diese mit den Kindern an einen sicheren Platz und beenden Sie die Einheit mit Ihrem Abschlussritual.

→ Variation

- Statt Ton können Sie den Erdvogel natürlich auch aus Salzteig, Knetmasse oder Gips gestalten.

Tipp

Wenn Sie beim Philosophieren etwas gestalten, sollten die Kinder immer selbst entscheiden dürfen, was damit geschieht. So können die Kinder das selbst gestaltete Werk mit nach Hause nehmen oder es wird im Kindergarten ausgestellt und aufbewahrt.

Tiere erfinden

Ziele
- → Ausschneiden üben
- → Fantasie fördern

Alter
4 bis 6 Jahre

Gruppengröße
KG, GG

Vorbereitungszeit
15 Minuten

Dauer
45 Minuten

Materialien
- → ca. 20 Postkarten, Bilder und Fotos von verschiedenen Tieren
- → 1 Schälchen oder 1 Korb in passender Größe dazu

Einstieg ins Philosophieren

Was wäre wenn … die Tiere ganz anders aussehen würden? Haben Sie sich auch schon einmal Gedanken darüber gemacht, warum die Welt so aussieht, wie wir sie kennen? Der kleine Erdvogel hat den Mut, anders sein zu wollen. Auch wenn das im ersten Moment auf andere vielleicht befremdlich wirkt, zeugt es doch von großem Selbstvertrauen. Wie könnte die (Tier-)Welt aussehen und welche »Neuschöpfungen« fallen den Kindern ein? Das finden wir in dieser Einheit heraus.

→ Vorbereitung

- Schneiden Sie die Bilder der Tiere alle horizontal in der Mitte auseinander. Im Stuhlkreis legen Sie in die philosophische Mitte nun in einer Schale die geteilten Bilder zurecht.

→ So geht's

- Beginnen Sie mit Ihrem Einstiegsritual. Wiederholen Sie in kurzen Worten das Bilderbuch und zeigen Sie dann den Kindern die auseinandergeschnittenen Bilder. Fordern Sie die Gruppe auf, die Kartenteile nach Lust und Laune neu zusammenzulegen. Begleiten Sie die Aktivität der Kinder mit folgenden Fragen:

? Wie würde dieses Tier wohl heißen?

? Und was kann es?

? Ist das glücklich damit?

? Wie lange ist es glücklich damit?

? Gibt es auch etwas, was es dann nicht mehr kann?

→ Abschluss

- Zum Abschluss kann jedes Kind einzeln seine Lieblingskreatur legen und ihr einen erfundenen Namen geben. Damit jeder die Möglichkeit hat, das Tier seiner Wahl zu legen, werden die Einzelteile nach jedem Kind wieder in die Schale zurückgelegt. Wenn alle Kinder an der Reihe waren, beenden Sie die Einheit mit Ihrem Abschlussritual.

→ Variation

- Die Kinder kleben die erfundenen Tiere auf ein Plakat auf und dieses wird im Kindergarten aufgehängt. Hierzu benötigen Sie allerdings eine größere Anzahl an geteilten Fotos oder Bilder der Tiere.

Ein Schatz

Ziele
- → Selbstbewusstsein erfahren
- → Gesprächskompetenz erleben

Alter
4 bis 6 Jahre

Gruppengröße
KG, GG

Vorbereitungszeit
20 Minuten

Dauer
45 Minuten

Materialien
- → 1 Kartonschachtel oder Holzkästchen (ideal 20 cm x 20 cm) mit Deckel
- → 1 Handspiegel ohne Griff, welcher in diese Schachtel passt

Gedanken und Gefühlen begegnen

Jeder Mensch ist wertvoll und einzigartig. Eine wichtige Aufgabe pädagogischer Fachkräfte ist es, den Kindern von Anfang an Selbstvertrauen und Selbstbewusstsein mit auf den Weg zu geben. Der kleine Erdvogel würde sehr gern fliegen können und fühlt sich unwohl und doch ist er – in seiner vermeintlichen Unvollkommenheit – perfekt. Die Kinder sollen erleben, dass auch sie, so wie sie sind, wundervoll sind.

→ Vorbereitung

- Bereiten Sie den Stuhlkreis mit Ihrer philosophischen Mitte vor. Legen Sie den Spiegel in das Kästchen und stellen Sie dieses mit geschlossenem Deckel in die Mitte.

→ So geht's

- Beginnen Sie mit Ihrem Einstiegsritual. Nehmen Sie danach das Kästchen zur Hand und erklären Sie den Kindern, dass darin ein Schatz ist. Öffnen Sie nun das Kästchen vor jedem so, dass nur dieses Kind sehen kann, was darin ist. Sagen Sie dazu, dass niemand verraten darf, was er gesehen hat.

- Wenn jedes Kind einen Blick in das Schatzkästchen geworfen hat, stellen Sie es zurück in die Kreismitte. Mögliche Fragen sind:

? Welchen Schatz habt ihr gesehen?

Weitere unterstützende Fragen im Gespräch können sein:

? Warum habe ich einen Spiegel in das Kästchen gelegt?

? Hat dir schon mal jemand gesagt, dass du ein »Schatz« bist?

? Wer oder was ist dein Schatz?

→ Abschluss

- Wiederholen Sie am Ende des Gespräches in Ihren Worten den Gesprächsverlauf und beenden Sie die Einheit mit Ihrem Abschlussritual.

Das kann ich gut

Ziele
- → Fantasie anregen
- → Anstrengung aushalten können

Alter
4 bis 6 Jahre

Gruppengröße
EG, KG

Dauer
45 Minuten

Gedanken und Gefühlen begegnen

Der kleine Erdvogel hat an sich geglaubt und sich in der Geschichte nie entmutigen lassen. Er hat Durchhaltevermögen gezeigt und sich nicht von seinem Traum abbringen lassen. Um die Stärken der Kinder geht es in diesem Projekt.

→ Vorbereitung

- Gestalten Sie den Stuhlkreis mit Ihrer philosophischen Mitte.

→ So geht's

- Beginnen Sie mit Ihrem Einstiegsritual. Lassen Sie die Gruppe das Bilderbuch nacherzählen. Danach stellen Sie den Kindern die Frage: Was hat den Maulwurf so besonders gemacht? Führen Sie das Gespräch mit weiteren Fragen in die Tiefe:

? Was hat den Maulwurf so besonders gemacht?
? Was macht dich zu etwas Besonderem?
? Kannst du etwas, was andere nicht oder nicht so gut können?
? Sieht man es einem Menschen an, wenn er etwas gut kann?
? Was möchtest du gern können und warum?

→ Abschluss

- Nach dem Gespräch bitten Sie jedes Kind darum, der gesamten Gruppe etwas vorzuführen. Die Kinder könnten zum Beispiel ein Lied vorsingen, eine Figur vormachen, auf einem Bein stehen oder ein Gedicht aufsagen. Bestärken Sie jedes Kind darin, dass es etwas Einzigartiges ist. Beenden Sie die Einheit wieder mit Ihrem Abschlussritual.

Mein Traum

Ziele
- Kreativität fördern
- Fantasie anregen

Alter
4 bis 6 Jahre

Gruppengröße
KG, GG

Vorbereitungszeit
10 Minuten

Dauer
45 Minuten

Materialien
- Bilderbuch »Der kleine Erdvogel«
- für jedes Kind weißes DIN-A3- oder DIN-A4-Papier
- Wasserfarben
- 1 Pinsel pro Kind
- Wasserbecher
- 1 Malerkittel pro Kind
- 2–3 Maltischdecken

Gedanken und Gefühlen begegnen

Jeder Mensch hat – wie der kleine Erdvogel – Träume und Wünsche und manche davon gehen auch tatsächlich in Erfüllung. Und bei manchen weiß man von vornherein, dass sie sich nie verwirklichen werden. Ist das der Unterschied zwischen einem Traum und einem Wunsch? Machen Sie sich gemeinsam mit den Kindern auf den Weg, dieses Geheimnis zu lüften.

→ Vorbereitung

- Stellen Sie den Stuhlkreis und gestalten Sie Ihre philosophische Mitte. Legen Sie das Bilderbuch vom kleinen Erdvogel dazu. Bereiten Sie außerdem Tische zum Malen mit den Utensilien vor.

→ So geht's

- Beginnen Sie mit Ihrem Einstiegsritual und lassen Sie den Inhalt des Bilderbuches von den Kindern erzählen. Lenken Sie die Aufmerksamkeit der Kinder darauf, dass der kleine Erdvogel einen Traum hatte, und stellen Sie dann die Frage:

? Hattet ihr auch schon mal einen Traum, der erfüllt wurde? Wie ging es dir dabei?

? Hast du auch Träume, die (noch) nicht erfüllt sind?

? Gibt es einen Unterschied zwischen einem Traum und einem Wunsch? Wenn ja, welchen?

? Brauche ich jemand anderen dazu, um einen Traum zu erfüllen?

? Oder könnt ihr das selbst?

? Woher wissen die anderen, was ihr euch wünscht oder erträumt?

→ Abschluss

- Nach dem Philosophieren ziehen sich die Kinder die Malterkittel an und können nun einen Traum malen. Wichtig ist hierbei die Freiwilligkeit. Wer seinen Traum nicht nennen und auf Papier bringen möchte, muss das auch nicht tun.

Tipp

Die Kinder malen unterschiedlich schnell und sind so zu verschiedenen Zeiten fertig. Natürlich ist es immer auch möglich, die Einheit ohne Ritual zu beenden.

Das Experiment

Ziele
- gemeinsam reflektieren
- Schwerkraft erfahren

Alter
4 bis 6 Jahre

Gruppengröße
KG, GG

Vorbereitungszeit
15 Minuten

Dauer
45 Minuten

Materialien
- 1 Stein
- 1 Feder
- 1 kleiner Gummiball (Flummi)
- 1 Legostein
- 1 DIN-A4-Papier pro Kind (für Papierflieger)
- 1 Stift

Gedanken und Gefühlen begegnen

Im Traum sind alle Dinge möglich, doch in unserer »realen« Welt stoßen wir an unsere Grenzen, wie auch der Erdvogel. Der Wille allein reicht nicht aus, um Wünsche in Erfüllung gehen zu lassen. Aber manchmal helfen kleine »Tricks«. Hier bietet die Naturwissenschaft ein großes Spektrum für philosophische Fragen.

→ Vorbereitung

- Da Sie während des Angebotes einen einfachen Papierflieger benötigen, sollten Sie diesen im Vorfeld einmal falten und ausprobieren. Bereiten Sie dann den Stuhlkreis und Ihre philosophische Mitte vor und legen Sie das Material dazu.

→ So geht's

- Beginnen Sie mit Ihrem Einstiegsritual. Zeigen Sie den Kindern dann den Stein, die Feder, den Flummi, den Legostein und ein Blatt Papier. Fragen Sie:

  ? Was davon kann fliegen?

- Probieren Sie es gemeinsam mit den Kindern aus und beobachten Sie, was geschieht. Beginnen Sie dann, zu fragen:

  ? Können wir es verändern, dass die Dinge zu Boden fallen?

  ? Was müssen wir tun?

  ? Gibt es Tatsachen, die man einfach nicht verändern kann? Welche sind das?

  ? Kann das Papier schneller fliegen als der Stein? Wie?

→ Abschluss

- Zum Abschluss falten Sie mit den Kindern Papierflieger und lassen diese fliegen. Helfen Sie bei Bedarf mit. Beenden Sie dann die Einheit mit dem Abschlussritual.

MUTIG, MUTIG

»Endlich fällt dem Frosch etwas ein: ›Wir machen einen Wettkampf, wer von uns am mutigsten ist!‹ ›Gute Idee!‹ – ›Sehr gute Idee!‹ – ›Super Idee!‹ Die anderen klatschen in die Pfoten, Flügel und Fühler.«

Zitat aus: mutig, mutig

Der Frosch, die Maus, die Schnecke und der Spatz sind Freunde. Aus Langeweile beginnen sie eines Tages mit Mutproben. Wer wird wohl der Mutigste unter ihnen sein? Die Geschichte hat ein überraschendes Ende, denn der kleine Spatz sagt »Nein« und macht beim Wettkampf nicht mehr mit. Die Kinder werden im ersten Moment erstaunt sein, dass auch ein »Nein« mutig sein kann. Das Bilderbuch mit seinen wunderbaren und aussagekräftigen Bildern macht Lust, über Mut und das, was dahintersteckt, nachzudenken.

Folgende Fragen sind in diesem Kapitel zentral:

- Was ist Mut?
- Kann Mut belohnt werden?
- Ist Mutigsein gefährlich?
- Wer entscheidet, was mutig ist?
- Ist jeder mutig?
- Kann man den Mut sehen?
- Wann ist man mutig?
- Kann Mut bewertet werden?

Das Bilderbuch

Ziele
→ Konzentration üben

Alter
4 bis 6 Jahre

Gruppengröße
KG, GG

Vorbereitungszeit
10 Minuten

Dauer
45 Minuten

Materialien
→ Bilderbuch »mutig, mutig«

Einstieg ins Philosophieren

Die Tierfreunde finden etwas sehr Spannendes heraus – das »Nein« vom Spatz ist mutig. Aber warum? Wie kann es mutig sein, nicht das Gleiche wie seine Freunde zu machen? Die Geschichte hilft den Kindern, sich gemeinsam darüber Gedanken zu machen.

→ So geht's

- Bereiten Sie den Stuhlkreis und die philosophische Mitte im Raum vor.

→ So geht's

- Beginnen Sie mit Ihrem persönlichen philosophischen Einstiegsritual und lesen Sie dann das Bilderbuch vor. Anschließend legen Sie es in die Mitte des Stuhlkreises.
- Regen Sie das Gespräch mit den Kindern an, indem Sie folgende Impulsfrage stellen:

? Warum finden die Tiere, dass der Spatz mutig ist?

Weiterführende Fragen können sein:

? Wen findest du denn mutig in dem Buch? Und warum?

? Gibt es noch andere Tiere, die mutig sind?

? Gibt es das »mutigste« Tier von allen? Ist es für immer das mutigste Tier von allen?

? Gibt es ein mutiges Tier hier bei uns im Kindergarten?

- Fassen Sie das Gespräch in wenigen Sätzen zusammen. Beginnen Sie mit der Ausgangsfrage und wiederholen Sie neutral in Ihren eigenen Worten kurz das Gespräch.

→ Abschluss

- Nehmen Sie nochmals das Buch zur Hand. Die Kinder können nun freiwillig einem Tier aus dem Buch noch etwas sagen, zum Beispiel: »Schnecke, ich finde, dass du mutig bist weil, …«
- Beenden Sie die philosophische Einheit mit Ihrem Abschlussritual.

→ Variation

- Sie können das Buch auch nur bis zur vorletzten Seite lesen, sodass die Antwort der Tiere nicht genannt wird. Hierbei ist es wichtig, alle gesammelten Antworten der Kinder anzunehmen und nicht zu bewerten. Nicht alle Kinder werden das Verhalten des Spatzen als mutig bezeichnen.

Der Efeukranz

Ziele
- Kreativität fördern
- Fingerfertigkeit üben

Alter
4 bis 6 Jahre

Gruppengröße
KG, GG

Vorbereitungszeit
20 Minuten

Dauer
45 Minuten

Materialien
- für jedes Kind 1 künstliche oder echte, 60 cm lange Efeuranke
- für jedes Kind 20 cm langer Basteldraht

Einstieg ins Philosophieren

Mutiges Handeln bedarf der Anerkennung. Sei es nun für sportliche Leistungen – wie die von Maus, Frosch oder Schnecke – oder die mutige Entscheidung des Spatzen. Die Kinder gestalten einen Efeukranz, welcher symbolisch »verliehen« werden kann. Doch wer hat sich denn einen Efeukranz verdient? Muss dafür etwas ganz besonders Mutiges vollbracht werden? Oder kann es sein, dass ich oft mutig bin, ohne es zu wissen? Gemeinsam entscheiden die Kinder am Ende, wer den Kranz verliehen bekommt.

→ Vorbereitung

- Stellen Sie den Stuhlkreis und gestalten Sie Ihre persönliche philosophische Mitte. Halten Sie die Materialien zum Basteln der Efeukränze bereit.

→ So geht's

- Beginnen Sie mit Ihrem Einstiegsritual. Dann erklären Sie den Kindern, dass Sie mit ihnen zusammen Efeukränze gestalten möchten. Der Kranz ist die Belohnung für eine mutige Tat.

- Jedes Kind erhält eine Efeuranke. Die beiden Enden werden übereinandergelegt und mit Basteldraht zusammengewickelt. Während des Bastelns lassen Sie die Kinder frei das Bilderbuch »Mutig, mutig« nacherzählen. Legen Sie die fertigen Kränze in die Mitte des Stuhlkreises. Jetzt stellen Sie die Einstiegsfrage:

  ? Wem könntest du deinen Efeukranz schenken?

  Weiterführende Fragen sind:

  ? Warum möchtest du den Kranz demjenigen schenken?

  ? Was war in deinen Augen mutig?

  ? Weiß derjenige, dass er mutig war?

  ? Wie merke ich, wenn ich mutig bin?

  ? Bin ich immer gleich mutig?

→ Abschluss

- Die Kinder entscheiden auf Ihre Anregung hin, wer den gebastelten Efeukranz erhalten soll. Dies kann ein anderes Kind sein oder jemand aus dem Kindergarten. Es ist auch gut möglich, dass der Kranz den Eltern, Geschwistern oder einem Haustier geschenkt wird. Alles ist erlaubt. Danach beenden Sie die philosophische Einheit mit Ihrem Abschlussritual.

Tipp

Statt eines Efeukranzes können Sie natürlich auch bunte Kränze aus Hexentreppen, aus Blumen, aus Kordeln oder aus Papier gestalten. Hier sind Ihrer und der Fantasie der Kinder keine Grenzen gesetzt.

Vertrauens-Spiel

Ziele
- Sicherheit erfahren
- Selbstbewusstsein stärken

Alter
4 bis 6 Jahre

Gruppengröße
KG, GG

Vorbereitungszeit
10 Minuten

Dauer
45 Minuten

Materialien
- für jedes Kind 1 Augenbinde oder 1 Tuch, um die Augen verbinden zu können
- möglichst großer Raum ohne Hindernisse

EINSTIEG INS PHILOSOPHIEREN

Mutig kann auch sein, wenn man anderen Menschen vertraut. Im Spiel geht es darum, sich ganz in die Hände einer anderen Person zu begeben und diese Erfahrung gemeinsam zu reflektieren.

→ VORBEREITUNG

- Bereiten Sie den Stuhlkreis und die philosophische Mitte im Raum vor. Achten Sie im Raum darauf, dass es keine Gefahrenquellen, wie Kabel, rutschige Stellen oder scharfe Kanten, gibt.

→ SO GEHT'S

- Beginnen Sie mit Ihrem philosophischen Einstiegsritual. Beim Spiel geht es darum, dass ein Kind mit verbundenen Augen von seinem Partner sicher durch den Raum geführt wird. Lassen Sie hier die Kinder mitentscheiden, was »sicher« heißt. Dass man beispielsweise nicht an Möbel oder Wände stößt, keine anderen Kinder anrempelt, sich den Schritten des Kindes mit den verbundenen Augen anpasst u. v. m. Lassen Sie danach sich jedes Kind einen Partner suchen und geben Sie jedem Paar ein Tuch zum Augenverbinden. Die Kinder entscheiden selbst, wer zuerst die Augen verbunden bekommt. Wenn alle Paare bereit sind, geht es los.
- Nun führen die »sehenden« Kinder ihren »blinden« Partner durch den Raum.
- Nach ca. drei Minuten lassen Sie die Kinder die Rollen tauschen. Wiederum nach drei Minuten beenden Sie das Spiel und die Kinder setzen sich in den Stuhlkreis.
- Nun beginnen Sie das philosophische Gespräch. Lassen Sie die Kinder zunächst erzählen, wie sie das Spiel erlebt haben. Stellen Sie dabei folgende Fragen:

? Wann hast du dich sicher gefühlt? Warum?

? War das bei euch allen so?

? Was gibt dir das Gefühl der Sicherheit?

? War es mutig, die Augenbinde umzuhaben? Oder war es mutig, das andere Kind zu führen?

→ ABSCHLUSS

- Fassen Sie das Gespräch und das Erlebte der Kinder in kurzen Worten zusammen. Beenden Sie die Einheit mit Ihrem persönlichen Abschlussritual.

→ VARIATION

- Das Spiel kann auch nach einem philosophischen Gespräch erfolgen und somit der Abschluss sein.

TIPP
Das Spiel eignet sich auch für Erwachsene. Probieren Sie es doch mal an einem Elternabend oder mit Ihren Kolleginnen und Kollegen aus.

Tier-Rätsel

Ziele
→ Perspektivwechsel erleben

Alter
4 bis 6 Jahre

Gruppengröße
KG; GG

Vorbereitungszeit
15 Minuten

Dauer
45 Minuten

Materialien
→ 20 Bilder, Postkarten oder Fotos von unterschiedlichen Tieren

Einstieg ins Philosophieren

Um zu wissen, wie sich ein anderer fühlt, muss ich mich in diesen hineinversetzen. Doch wie geht das? Woher kann ich wissen, wie sich die Maus beim Tauchen oder die Schnecke bei ihrer Mutprobe fühlt? Dieses Spiel hilft den Kindern, sich in ein Tier hineinzuversetzen und dessen Perspektive einzunehmen.

→ Vorbereitung

- Bereiten Sie den Stuhlkreis und die philosophische Mitte im Raum vor. Legen Sie die Tierbilder vor sich bereit, sodass die Tiere nicht zu erkennen sind.

→ So geht's

- Beginnen Sie mit Ihrem persönlichen philosophischen Einstiegsritual. Nehmen Sie danach die Fotos wie einen Fächer in die Hand (bitte noch immer mit den Bildern nach unten). Jetzt darf jedes Kind ein Bild ziehen und der Gruppe zeigen. Gemeinsam können die Kinder nun überlegen, was für das Tier auf dem Foto denn mutig ist. Unterstützen Sie die Gruppe mit Fragen:

? Wovor könnte das Tier denn Angst haben?

? Was kann das Tier vielleicht sehr gut und was nicht?

? Was ist gefährlich für das Tier?

→ Abschluss

- Fassen Sie in wenigen Worten das Gespräch zusammen. Die Kinder dürfen die Bilder der Tiere behalten. Danach beenden Sie die Einheit mit Ihrem persönlichen Abschlussritual.

Tipp

Bilder und Postkarten mit den unterschiedlichsten Motiven können Sie immer wieder beim Philosophieren einsetzen. Sammeln Sie diese und bewahren Sie die Karten doch in einem schönen Kästchen, auch für die Kinder sichtbar, auf.

Ich erfinde Rätsel

Ziele
→ Rätsel erfinden und formulieren

Alter
4 bis 6 Jahre

Gruppengröße
KG, GG

Vorbereitungszeit
10 Minuten

Dauer
45 Minuten

Materialien
→ Bilder und Postkarten mit den unterschiedlichsten Tieren

Gedanken und Gefühlen begegnen

Diese Einheit kann eine Weiterführung des Projektes »Tier-Rätsel« sein. Dort haben sich die Kinder schon einmal Gedanken über den Mut der Tiere des Bilderbuches gemacht. Jetzt geht es darum, selbst eine mutige Eigenschaft eines Tieres zu finden und dies als Rätsel für die Gruppe zu formulieren.

→ Vorbereitung

- Stellen Sie einen Stuhlkreis und gestalten Sie Ihre philosophische Mitte. Legen Sie die Postkarten verdeckt bereit.

→ So geht's

- Beginnen Sie mit Ihrem Einstiegsritual. Danach erklären Sie den Kindern, dass sie nun ein Foto ziehen dürfen, das Tier darauf aber ein »Geheimnis« ist und sie es sich nicht gegenseitig zeigen sollen oder den Namen nennen. Wer eine mutige Eigenschaft gefunden hat, darf versuchen, daraus für die Gruppe ein Rätsel zu formulieren. Wenn nötig, helfen Sie dem jeweiligen Kind durch folgende Fragen:

? Was kann das Tier gut?

? Was macht das Tier so besonders?

? Was findest du an dem Tier toll?

Die erfundenen Rätsel können zum Beispiel so gestellt werden:

- Das Tier auf meinem Bild ist mutig, weil es sich nachts allein aus dem Haus traut und jagen geht. (Katze)
- Dieses Tier ist mutig, weil es sich ganz hoch in die Luft traut. (Vogel)
- Mein Tier ist mutig, weil es der Polizei hilft. (Schäferhund)

→ Abschluss

- Wenn die Gruppe mit den Rätseln fertig ist, beenden Sie die Einheit mit Ihrem philosophischen Abschlussritual.

→ Variation

- Sie können auch selbst Rätsel zu den Bildern und Postkarten erfinden und diese der Kindergruppe sagen. Immer wenn ein Tier erraten wurde, legen Sie die Karte offen in die Kreismitte.

Welche Farbe hat der Mut?

Gedanken und Gefühlen begegnen

Jeder Mensch empfindet Mut anders. Durch Malen können Kinder ihre Gefühle darüber auf eine neue Art und Weise ausdrücken. Sie erfahren, dass jeder Mensch seine eigenen Gedanken dazu hat und wahrscheinlich jedes Bild anders aussieht. Hierbei lohnt sich ein Blick auf die Zeichnungen im Bilderbuch: Welche Farben wurden dort verwendet?

Ziele
- → Fantasie fördern
- → Vorstellungskraft stärken

Alter
4 bis 6 Jahre

Gruppengröße
KG, GG

Vorbereitungszeit
15 Minuten

Dauer
60 Minuten

Materialien
- → Bilderbuch »mutig, mutig«
- → für jedes Kind 1 weißes DIN-A5-Papier
- → mehrere dicke Wachsmalkreiden in allen Farben
- → 2–3 Maltischdecken für den Boden

→ Vorbereitung

- Bereiten Sie den Stuhlkreis und die philosophische Mitte im Raum vor. Halten Sie das Material zum Malen bereit. Die Tischdecken sind für den Boden gedacht, sodass dieser nicht bemalt wird.

→ So geht's

- Beginnen Sie mit Ihrem persönlichen philosophischen Einstiegsritual. Danach erhalten die Kinder ein Blatt Papier und um großflächig malen zu können, suchen sie sich einen Platz am Boden im Raum. Leiten Sie das Malen ein: »Schließt alle die Augen und denkt an den Mut. Hat er eine Farbe in eurem Kopf? Oder eine Form? Wenn ihr es für euch herausgefunden habt, beginnt ihr, zu malen.« Lassen Sie den Kindern so viel Zeit, wie sie brauchen. Wenn alle fertig sind, sollen sich die Kinder wieder auf ihre Stühle setzen und ihre Bilder in die Stuhlkreismitte legen. Nun darf jedes Kind, das möchte, beschreiben, was es gemalt hat und weshalb. Unterstützende Fragen von Ihnen sind:

? Warum hast du dem Mut diese Farbe und Form gegeben?

? Hat der Mut immer die gleiche Farbe?

? Würde auch dein Freund/deine Freundin das so malen?

? Malen das Kinder auf der ganzen Welt so?

→ Abschluss

- Beenden Sie die Einheit mit ihrem persönlichen Abschlussritual. Fragen Sie die Kinder, ob die Bilder im Kindergarten ausgestellt werden sollen. Wer möchte, kann sein Bild aber natürlich auch mit nach Hause nehmen.

→ Variation

- Sie können die Bilder am Ende der Einheit einsammeln und diese bei einem weiteren philosophischen Gespräch über den Mut als Einstieg verwenden.

Mutige Bilder

Ziele
→ Merkfähigkeit fördern

Alter
4 bis 6 Jahre

Gruppengröße
KG, GG

Vorbereitungszeit
10 Minuten

Dauer
45 Minuten

Materialien
→ gesammelte Ausschnitte aus Zeitschriften und Zeitungen mit »mutigen« Menschen, Tieren oder Situationen

Gedanken und Gefühlen begegnen

Als kleine Aufgabe für zuhause sollen die Kinder in Vorbereitung für dieses Projekt einen Ausschnitt aus Zeitschriften und Zeitungen mit »mutigen« Menschen, Tieren oder Situationen, sammeln und in die Kita mitbringen. Durch die selbst mitgebrachten Bilder und Fotos haben sich die Kinder bereits mit der Thematik beschäftigt und sich Gedanken über den Mut gemacht. Im Gespräch geht es nun darum, zu erläutern, warum sie sich genau für dieses Bild entschieden haben und warum sie diese Menschen oder Situationen als mutig empfinden.

→ Vorbereitung

- Gestalten Sie den Stuhlkreis mit Ihrer philosophischen Mitte. Erinnern Sie die Kinder einen Tag zuvor daran, die gesammelten Bilder und Fotos mitzubringen.

→ So geht's

- Starten Sie das Gespräch mit Ihrem persönlichen Einstiegsritual. Verweisen Sie nun auf die mitgebrachten Bilder. Jetzt kann jedes Kind sein Foto oder Bild zeigen und in die Mitte legen. Wer von den Kindern möchte, kann erklären, warum es sich genau dafür entschieden hat. Dadurch kommen die Kinder ins Gespräch. Unterstützende Fragen von Ihnen sind:

? Was genau empfindest du als mutig auf dem Bild?

? Weiß die Person oder das Tier, dass es mutig ist?

? Wer auf den Bildern ist am mutigsten von allen? Können wir das bestimmen?

→ Abschluss

- Jedes Kind bekommt sein Bild wieder zurück. Beenden Sie die Einheit mit Ihrem Abschlussritual.

→ Variation

- Als Abschluss könnten Sie auch die Bilder und Fotos gemeinsam auf ein Plakat kleben und im Kindergarten aushängen. Bei Fotos der Kinder sollten Sie sich vorher bei den Eltern die Zustimmung einholen.

Tipp

Während des Gespräches ergeben sich oft neue Fragen, die in diesem Moment vom eigentlichen Thema wegführen würden. Stellen Sie ein breites Gefäß – zum Beispiel ein großes Glas oder eine Vase – in die Mitte. Dazu einen Stift und Notizpapier. Jetzt können Sie jederzeit die Frage notieren, mit Datum und Namen des Kindes versehen und in das Glas legen. Gestalten Sie daraus ab und zu eigene Einheiten, indem Sie eine Frage aus dem Glas ziehen und dazu philosophieren.

Gedanken und Gefühlen begegnen

Die Tiere haben im Bilderbuch Mutproben gemacht und gezeigt, was sie können. Ist es nun möglich, herauszufinden, wer der Mutigste von den vieren ist? Wie schaffen es die Kinder, sich hier zu einigen, und kann der Mut überhaupt bewertet werden?

→ Vorbereitung

- Stellen Sie einen Stuhlkreis und gestalten Sie Ihre philosophische Mitte. Legen Sie das Bilderbuch dazu und halten Sie die vier Tierbilder und die Wäscheleine mit den Klammern bereit.

→ So geht's

- Beginnen Sie mit Ihrem Einstiegsritual. Lassen Sie sich von der Gruppe das Bilderbuch nacherzählen. Danach legen Sie die Bilder der vier Tiere in den Stuhlkreis und fragen:
  Lassen Sie die Kinder ins Gespräch darüber kommen und unterstützen Sie mit folgenden Fragen:

? Welches Tier war denn nun das Mutigste unter den Freunden?

? Ist das Tier immer das mutigste? Oder nur in diesem Fall?

? Kannst du deine Aussage begründen?

? Sehen das die Tiere untereinander auch so?

? Wer bestimmt über den Mut?

? Können wir das bewerten?

- Wenn die Gruppe gemeinsam eine Reihenfolge gefunden hat und alle damit einverstanden sind, können die Bilder der Rangfolge nach untereinander an die Wäscheleine geknüpft werden. Entscheidet die Gruppe aber, dass es keine Reihenfolge gibt, hängen Sie die Bilder mit den Kindern gleichrangig auf.

→ Abschluss

- Schauen Sie sich mit den Kindern nochmals die Leine an. Wenn alle damit einverstanden sind, überlegen Sie zusammen, ob die Leine im Kindergarten aufgehängt werden soll. Beenden Sie dann das Gespräch mit Ihrem Abschlussritual.

Tipp

Immer wenn es beim Philosophieren um den Prozess einer Wertung geht, können Sie die Methode der Wäscheleine anwenden.

Die Mutleine

Ziele
→ Argumentieren lernen
→ Meinung bilden

Alter
4 bis 6 Jahre

Gruppengröße
KG

Vorbereitungszeit
10 Minuten

Dauer
45 Minuten

Materialien
→ Bilderbuch »mutig, mutig«
→ je 1 selbst gemaltes Bild von Frosch, Spatz, Schnecke und Maus aus dem Bilderbuch (wenn möglich DIN A4)
→ 8 Wäscheklammern
→ 1 Wäscheleine

RÄUBER RATTE

»Gebt mir eure Bonbons, *Geht nicht* gibt es nicht! Denn ich bin Räuber Ratte, dem keiner widerspricht!«

Zitat aus: Räuber Ratte

Räuber Ratte reitet durch die Lande und stiehlt alles, was ihm in die Finger kommt. Selbst Dinge, die er gar nicht braucht, werden von ihm geraubt. Lange Zeit kann ihn niemand aufhalten. Erst eine kleine und sehr schlaue Ente setzt den Dieb außer Gefecht. In diesem detailreichen Bilderbuch siegt am Ende das Gute. Doch sind Gut und Böse immer so einfach zu erkennen? Und was ist eigentlich gerecht? Fragen wie diese beschäftigen die Kinder immer wieder und das philosophische Gespräch gibt ihnen die Möglichkeit, sich eigene Gedanken dazu zu machen.

Folgende Fragen sind in diesem Kapitel zentral:

- Was ist Gut oder Böse?
- Gibt es Gerechtigkeit?
- Haben Gut und Böse eine Farbe?
- Was ist Lügen?
- Wie soll ich leben?
- Wie fühlst du dich?
- Was ist gerecht?
- Kann man alles teilen?

Das Bilderbuch

Ziele
- → Konzentration stärken
- → Gesprächskultur erfahren

Alter
4 bis 6 Jahre

Gruppengröße
KG, GG

Vorbereitungszeit
10 Minuten

Dauer
45 Minuten

Materialien
- → Bilderbuch »Räuber Ratte«

Einstieg ins Philosophieren

Räuber Ratte zieht rücksichtslos durch die Lande. Oft erscheint es offensichtlich, wer gut und wer böse ist. Kinder beschäftigen sich sehr damit, denn es hilft ihnen, sich in der Welt zurechtzufinden. Sie erhalten dadurch Orientierung und Sicherheit. Aber ist das wirklich so einfach, Gut und Böse voneinander zu unterscheiden? Oder sollten Ursachen berücksichtigt werden, warum jemand böse ist?

→ Vorbereitung

- Gestalten Sie den Stuhlkreis und Ihre philosophische Mitte.

→ So geht's

- Beginnen Sie mit Ihrem Einstiegsritual. Lesen Sie den Kindern das Buch im Stuhlkreis vor. Dann lassen Sie die Geschichte von den Kindern nacherzählen. Stellen Sie danach Fragen:

? Was hat euch in der Geschichte am besten gefallen? Warum? Erklärt ihr es uns?

? Gibt es in der Geschichte gute und böse Tiere?

? Wer entscheidet das?

? Was heißt denn »gut sein«? Was heißt »böse sein«?

? Ist jemand immer böse? Oder immer gut?

? Wie ist das bei dir selbst?

→ Abschluss

- Fassen Sie das Gespräch zusammen und beenden Sie die Einheit mit Ihrem philosophischen Abschlussritual.

Eine Geschichte ohne Ende

Ziele
- → Vorstellungskraft anregen
- → Gruppengefühl stärken

Alter
4 bis 6 Jahre

Gruppengröße
KG, GG

Vorbereitungszeit
10 Minuten

Dauer
45 Minuten

Materialien
- → Bilderbuch »Räuber Ratte«

Einstieg ins Philosophieren

Für Kinder im Kindergarten spielt die Frage der Gerechtigkeit eine große Rolle. Aber kann man überhaupt gerecht sein? Empfindet das nicht jeder Mensch anders? Und dennoch urteilen wir oft schnell und voreilig und glauben, zu wissen, was richtig und falsch ist. Auch in unserem Bilderbuch siegt am Ende die Gerechtigkeit – doch vielleicht kann man Räuber Ratte auch mit anderen Augen sehen.

→ Vorbereitung

- Gestalten Sie Ihre philosophische Mitte.

→ So geht's

- Lesen Sie den Kindern das Bilderbuch vor. Lesen Sie es nur bis zum Fest der Tiere.
- Stellen Sie folgende Fragen:

? Was soll eurer Meinung nach mit Räuber Ratte geschehen? Und warum?

? Wer entscheidet, was mit ihm passiert?

? Kann er geschehene Dinge »wiedergutmachen«?

? Was könnte er tun, wenn er nicht mehr Räuber ist?

? Hat jemand Mitleid mit ihm?

? Wer bestimmt über eine Strafe?

→ Abschluss

- Am Ende der Einheit darf jedes Kind ein eigenes Ende der Geschichte erfinden. Notieren Sie die Gedanken der Kinder, diese können Sie jederzeit als Einstiege für neue Gespräche nutzen.

Tipp

Es gibt viele Möglichkeiten, ein Bilderbuch vorzulesen und es für das philosophische Gespräch zu nutzen. Schauen Sie sich Ihre Bücher genau an und Sie werden viele Stellen finden, an welchen Sie das Buch unterbrechen können, oder schauen Sie nur die Bilder an und die Kinder erfinden selbst eine neue Geschichte.

Ein gutes und ein böses Bild

Ziele
→ Kreativität schulen

Alter
4 bis 6 Jahre

Gruppengröße
KG, GG

Vorbereitungszeit
15 Minuten

Dauer
45 Minuten

Materialien
- → Bilderbuch »Räuber Ratte«
- → 2 DIN-A3- oder DIN-A2-Blätter
- → Pinsel in verschiedenen Stärken
- → Wasserfarben
- → Wasserbecher
- → 1 Malerkittel pro Kind
- → 2 Maltischdecken

Einstieg ins Philosophieren

Jeder von uns hat eine Vorstellung von Gut und Böse. Und wir glauben, dass jeder das gleiche Bild davon im Kopf hat. Doch ist das wirklich so? Und woher kommen diese Vorstellungen? Ist das Böse wirklich dunkel und finster und das Gute hell und freundlich? Und wie ist die Bildsprache im Buch dazu? Dieses Projekt soll sich diesen Fragen nähern.

→ Vorbereitung

- Bereiten Sie zwei Maltische vor. Stellen Sie das Buch von Räuber Ratte mit dazu.

→ So geht's

- Wenn die Kinder die Malkittel angezogen haben, setzen sie sich alle an die Tische. Lassen Sie kurz die Geschichte von Räuber Ratte wiederholen. Jetzt sollen sich die Kinder überlegen, ob sie an Tisch 1 ein »gutes« oder an Tisch 2 ein »böses« Motiv aus dem Buch malen möchten. Die Kinder stellen sich ihrer Wahl entsprechend an die Tische und beginnen, zu malen.

- Wenn die Bilder fertig sind, stellen sich alle Kinder um die Tische herum. Beginnen Sie nun mit folgenden Impulsfragen:

? Was hat euch beim Malen gefallen? Was nicht?

? Woran erkennt man das »gute« und das »böse« Bild?

? Erkennt das jeder? Auch eure Geschwister, Eltern oder Freunde?

? Warum habt ihr diese Farben gewählt?

? Ist das Böse immer (vermutlich) dunkel?

? Und ist das Gute (wahrscheinlich) immer hell?

→ Abschluss

- Beenden Sie die Aktion, indem Sie gemeinsam aufräumen.

- Wenn die Bilder getrocknet sind, können Sie diese dann zusammen im Kindergarten aufhängen. Vergleichen Sie gemeinsam die Farben im Bilderbuch mit den gemalten Bildern der Kinder.

→ Variation

- Mit älteren Kindern können Sie auch diese Variante ausprobieren: Lassen Sie die Kinder gegenseitig die Bilder erklären. Also die Gruppe, die das »Gute« gemalt hat, erläutert, was sie in dem »bösen« Bild sieht und umgekehrt. Erst danach können die eigentlichen »Maler« sich dazu äußern.

Ratte und Ente

Ziele
- Gesprächskultur erleben
- Gemeinschaftsgefühl erfahren

Alter
4 bis 6 Jahre

Gruppengröße
KG, GG

Vorbereitungszeit
10 Minuten

Dauer
45 Minuten

Materialien
- 1 Plüsch- oder Plastikratte
- 1 Plüsch- oder Plastikente

Einstieg ins Philosophieren

Die kleine Ente hat geschwindelt, um Räuber Ratte zu überlisten. Wir würden sagen, sie hat eine Notlüge benutzt, um der Gemeinschaft der Tiere zu helfen. War das richtig? Darf man im Notfall wirklich lügen? Oder hat die kleine Ente damit auch eine moralische Grenze überschritten und ihre Heldentat ist gar nicht so edel wie gedacht? Lassen Sie es die Kinder herausfinden.

→ Vorbereitung

- Gestalten Sie den Stuhlkreis mit der philosophischen Mitte und setzen Sie die Ratte und die Ente dazu.

→ So geht's

- Beginnen Sie mit dem philosophischen Einstiegsritual. Lassen Sie nun die Kinder nacherzählen, wie die kleine Ente Räuber Ratte überlistet hat. Nehmen Sie jetzt die Ente in die Hand und stellen Sie die Frage:

? Hat die Ente gelogen?

Unterstützen Sie das weitere Gespräch mit den Fragen:

? Gibt es einen Unterschied zwischen Schwindeln und Lügen?
? Gibt es große und kleine Lügen?
? Was ist eine Notlüge?
? Was wäre passiert, wenn die Ente nicht gelogen hätte?
? Warum lügt man überhaupt?
? Was ist das Gegenteil von Lügen?

→ Abschluss

- Wiederholen Sie das Gespräch mit Ihren eigenen Worten und beenden Sie die Einheit mit Ihrem Abschlussritual.

Was du nicht willst …

Ziele
- → ein Sprichwort kennen lernen
- → Sprachschatz erweitern

Alter
4 bis 6 Jahre

Gruppengröße
KG, GG

Vorbereitungszeit
? Minuten

Dauer
45 Minuten

Materialien
- → Bilderbuch »Räuber Ratte«

Einstieg ins Philosophieren

In diesem Projekt geht es um das Sprichwort »Was du nicht willst, dass man dir tu, das füg auch keinem andern zu«. Finden Sie im Gespräch mit den Kindern heraus, was hinter dieser Aussage steckt und ob sich wirklich danach handeln lässt. Was könnte Räuber Ratte davon lernen?

→ Vorbereitung

- Bereiten Sie den Stuhlkreis und Ihre philosophische Mitte vor. Stellen Sie das Bilderbuch »Räuber Ratte« mit in den Kreis.

→ So geht's

- Starten Sie mit Ihrem Einstiegsritual. Sagen Sie danach den Kindern das Sprichwort: »Was du nicht willst, dass man dir tu, das füg auch keinem andern zu.«
- Fragen Sie die Gruppe, ob jemand das schon einmal gehört hat. Weiterführende Fragen sind:

? Was bedeutet das Sprichwort?

? Halten sich die Menschen daran?

? Was wäre, wenn jeder nach dem Sprichwort handeln würde?

? Kann man überhaupt danach handeln?

? Warum ist es schwer, danach zu handeln?

? Wann ist es leicht?

→ Abschluss

- Wiederholen Sie kurz den Gesprächsverlauf und beenden Sie das Gespräch mit dem Abschlussritual.

Tipp

Es gibt viele Sprichwörter, die sich dazu eignen, ein philosophisches Gespräch zu beginnen. Wie wäre es mit »Reden ist Silber, Schweigen ist Gold«, »Morgenstund hat Gold im Mund« oder »Lügen haben kurze Beine«?

Meine Gefühlsuhr

Einstieg ins Philosophieren

Oft fällt es uns schwer, unsere Gefühle zu erkennen, dies geht auch Kindern so. Wie sehe ich aus, wenn ich glücklich bin? Woran erkenne ich, wenn jemand anderes wütend ist? Die Gefühlsuhr kann den Kindern helfen, die Gefühle Freude, Trauer und Wut zu benennen und wahrzunehmen. Auch die Figuren im Bilderbuch drücken ihre Emotionen unterschiedlich aus.

→ Vorbereitung

- So basteln Sie eine Gefühlsuhr: Für die untere Drehscheibe schneiden Sie einen Papierkreis aus, der runde Bierdeckel dient dafür als Vorlage. Kleben Sie den ausgeschnittenen Kreis auf den Bierdeckel auf.
- Schneiden Sie für die obere Scheibe Papier und Bierdeckel entsprechend der Vorlage 1 aus und kleben Sie beides zusammen. Nun befestigen Sie in der Kreismitte mit der Musterbeutelklammer beide Kreise locker miteinander. Wie bei einer Uhr kann die obere Scheibe nun gedreht werden. Auf diese zeichnen Sie nach eigenen Vorstellungen Augen, Haare und Augenbrauen. In die »Lücke« des unteren Kreises zeichnen Sie nun einen lachenden Mund, der Freude oder Fröhlichkeit symbolisiert. Drehen Sie die Scheibe weiter, bis die untere Fläche wieder frei ist, und zeichnen Sie nach dem gleichen Prinzip einen traurigen Mund, einen wütenden Mund und einen »normalen« Mund auf. Jetzt ist Ihre Gefühlsuhr fertig.
- Bereiten Sie die Basteltische mit dem Material für die Kinder vor. Legen Sie Ihre fertige Gefühlsuhr auf einen der Tische.

→ So geht's

- Wenn die Kinder an den Tischen sitzen, zeigen Sie den Kindern Ihre Gefühlsuhr. Lassen Sie die vier unterschiedlichen Gesichtsausdrücke und Gefühle dazu benennen.
- Danach basteln Sie zusammen mit den Kindern die Uhren. Regen Sie während des Angebotes das Gespräch der Kinder mit Fragen an:

? Wie siehst du aus, wenn du fröhlich bist?

? Woran erkennst du, dass jemand traurig ist?

? Welche Gefühle gibt es noch?

? Kann man mehrere Gefühle gleichzeitig haben?

→ Abschluss

- Wenn alle Gefühlsuhren fertig sind, lassen Sie jedes Kind eine Frage stellen, welche die Gruppe mit ihren Uhren »beantwortet«. Beenden Sie die Einheit, indem Sie mit den Kindern gemeinsam aufräumen. Anschließend kann jedes Kind seine Uhr mitnehmen.

→ Variation

- Selbstverständlich können Sie mit den Kindern auch andere Gefühle finden und aufmalen.

Ziele
- → Sozialkompetenz stärken
- → Fingerfertigkeit üben

Alter
4 bis 6 Jahre

Gruppengröße
KG

Vorbereitungszeit
25 Minuten

Dauer
45 Minuten

Materialien
- → 2 runde Bierdeckel pro Kind
- → Tonpapier in verschiedenen Hauttönen für das »Gesicht« (1 A4-Papier ist ausreichend für 3 Bierdeckel)
- → Fasermaler in allen Farben
- → Klebestifte
- → 1 Schere pro Kind
- → 2–3 Maltischdecken
- → 1 Malerkittel je Kind
- → 1 Musterbeutelklammern mit rundem Kopf pro Kind

Tipp

Sie können die Gefühluhr auch als Abschlussritual einsetzen. Fragen Sie zur Selbstreflexion die Kinder:
Hast du den anderen zugehört?
Haben die anderen dir zugehört?
Hast du heute etwas Neues erfahren?
Und lassen Sie dann die Kinder mit ihren Gefühlsuhren ohne Worte »antworten«.

Kann man Gummibärchen teilen?

Ziele
- → Gemeinschaftsgefühl erfahren
- → Gesprächskultur erleben

Alter
4 bis 6 Jahre

Gruppengröße
KG, GG

Vorbereitungszeit
10 Minuten

Dauer
45 Minuten

Materialien
- → 1 Tüte Gummibärchen
- → 1 Schale

GEDANKEN UND GEFÜHLEN BEGEGNEN

Schon die Kleinsten haben einen ausgeprägten Sinn für Gerechtigkeit. Sie werden schnell erkennen, dass Ente und Eichhorn von Räuber Ratte ungerecht behandelt wurden. Doch woher kommt dieser Gerechtigkeitssinn? Es gibt auch Bereiche, in welchen ich nicht gleichbehandelt werden möchte. Bei der Spinatmenge auf dem Teller ist die Gerechtigkeit vielleicht schnell wieder vergessen. Bei der Nachspeise sieht das bei den meisten schon wieder anders aus. Deswegen geht es in diesem Projekt um die Frage: Was ist gerecht?

→ VORBEREITUNG

- Legen Sie in die Schale ein Gummibärchen weniger als Teilnehmer im Gespräch dabei sind. Zählen Sie sich selbst auch mit. Stellen Sie dann die Schale sichtbar in die philosophische Mitte. Halten Sie die Tüte mit den restlichen Gummibärchen verdeckt bereit.

→ SO GEHT'S

- Beginnen Sie mit Ihrem Einstiegsritual. Erklären Sie den Kindern, dass dies ein »Spiel« ist und Sie dafür ihre Unterstützung brauchen. Ziel ist es, zu einer gemeinsamen Lösung zu kommen. Diese soll für alle gerecht sein und jeder einzelne Teilnehmer muss damit zufrieden sein. Zeigen Sie den Kindern die Gummibärchen und sagen Sie, dass eines zu wenig in der Schale ist. Stellen Sie nun die Frage an die Gruppe:

? Was können wir tun, dass jeder hier im Kreis zufrieden ist, obwohl einer nichts bekommen kann (und ohne dass ein weiteres Gummibärchen dazu gelegt wird)?

Lassen Sie die Kinder miteinander diskutieren und unterstützen Sie das Gespräch mit folgenden Impulsen:

? Wenn einer auf sein Gummibärchen verzichtet, ist das gerecht?

? Ist es gerecht, wenn keiner etwas bekommt?

? Wer entscheidet, was gerecht ist?

? Können wir irgendwo Hilfe holen? Brauchen wir Hilfe?

→ ABSCHLUSS

- Fassen Sie das Gespräch und die Ideen der Kinder zusammen und nennen Sie dabei auch die Lösung der Kinder. Holen Sie nun die Tüte hervor, geben Sie allen Kindern Gummibärchen und essen Sie diese gemeinsam. Danach beenden Sie die Einheit mit Ihrem Abschlussritual.

→ VARIATION

- Selbstverständlich können Sie die Einheit auch mit anderen Süßigkeiten, Nüssen, aber auch mit Steinen oder Kastanien durchführen. Wichtig dabei ist, dass es nicht leicht zu teilen sein darf (von Schokolade oder Keksen kann man ein Stück abbeißen).

Gedanken und Gefühlen begegnen

Möchten wir nicht alle den Kindern mit auf den Weg geben, dass Teilen ein wichtiger Wert ist – wie bei den Tieren, die die ganze Beute von Räuber Ratte am Ende untereinander aufteilen? Doch das fällt uns Erwachsenen oft schon schwer und den Kindern erst recht. Aber was heißt Teilen denn genau? Und ist etwas abgeben, was man selbst nicht braucht, auch teilen?

→ Vorbereitung

- Stellen Sie den Stuhlkreis und gestalten Sie Ihre philosophische Mitte. Legen Sie alle Ihre Materialien mit dazu.

→ So geht's

- Beginnen sie mit Ihrem Einstiegsritual.
- Erklären Sie nun der Gruppe, dass Sie die Sachen im Kreis mit allen »teilen« möchten, und warten Sie die Reaktionen der Kinder ab. Regen Sie das Gespräch mit folgenden Fragen an:

? Kann man ein Angebot zum Teilen auch ablehnen?

? Teile ich auch, wenn ich etwas abgebe, was ich selbst nicht mehr brauche?

? Heißt Teilen, dass man genau die Hälfte abgibt?

? Gibt es Dinge, die man nicht teilen kann?

? Gibt es etwas, was jeder gern teilt?

? Wie kann ich ein Herz teilen?

→ Abschluss

- Fassen Sie das Gespräch zusammen und beenden Sie die Einheit mit Ihrem Abschlussritual.

→ Variaton

- Natürlich können Sie die Materialien selbst aussuchen und variieren. Sicherlich finden Sie dazu Dinge im Kindergarten. Ideal sind auch offensichtlich alte oder kaputte Dinge.

Viele Dinge zum Teilen

Ziele
- → Gemeinschaftsgefühl erfahren
- → Sprachschatz erweitern

Alter
4 bis 6 Jahre

Gruppengröße
KG, GG

Vorbereitungszeit
20 Minuten

Dauer
45 Minuten

Materialien
- → versch. Dinge zum Teilen, wie:
- → 1 Motivpostkarte
- → 1 selbst gemaltes Herz
- → 1 duftende Blume
- → 1 Paar Schuhe
- → 1 Schachtel Zündhölzer
- → 1 Socke mit Loch
- → 1 Keks

ICH BIN FÜR MICH

»Zwei Wochen lang herrschte großes Chaos. Kein Gesetz galt mehr, alle taten nur, was ihnen gerade einfiel. Es war schauerlich.«

Zitat aus: Ich bin für mich

Alle vier Jahre wird der Löwe von den Tieren zum König gewählt. Warum der Löwe immer gewinnt? Weil er keinen Gegenkandidaten hat. Doch eines Tages ändert sich das und die Tiere haben von nun an die Qual der Wahl. In diesem Bilderbuch »Ich bin für mich« wird den Kindern das Prinzip Demokratie nähergebracht. Was bedeutet es denn für jeden Einzelnen, Mitsprache zu haben? Und ist es wirklich so toll, der »König« zu sein? Die Kinder machen sich in den philosophischen Gesprächen Gedanken über Partizipation und welche Rechte und Pflichten Verantwortung mit sich bringt.

Folgende Fragen sind in diesem Kapitel zentral:

- Wer bestimmt?
- Wie muss ein König sein?
- Auf wen höre ich?
- Ist es wichtig, dass jeder mitsprechen kann?
- Ist es schwer, eigene Entscheidungen zu treffen?
- Was kann ich gut?
- Was ist Demokratie?
- Was ist Partizipation?

Das Bilderbuch

Ziele
→ Gerechtigkeitssinn schärfen

Alter
4 bis 6 Jahre

Gruppengröße
KG, GG

Vorbereitungszeit
10 Minuten

Dauer
45 Minuten

Materialien
→ Bilderbuch »Ich bin für mich«

Einstieg ins Philosophieren

Wer wird im Königreich der »Bestimmer«? Sicherlich hören Sie diese Frage auch oft in Ihrer Kindergruppe. Meist kommt dies als Vorwurf, denn darf ein anderes Kind mir sagen, was ich tun oder lassen soll? Dass es ohne Verantwortlichen nicht geht, zeigt uns die Erfahrung. Doch wer gibt dem Einzelnen das Recht, zu bestimmen? Viele Fragen dazu warten auf die Kinder.

→ Vorbereitung

- Stellen Sie den Stuhlkreis und gestalten Sie die philosophische Mitte.

→ So geht's

- Lesen Sie den Kindern nach dem Einstiegsritual das Bilderbuch vor. Stellen Sie danach die Einstiegsfrage:

? Was ist die Aufgabe eines Königs?

Führen Sie das Gespräch mit weiteren Fragen in die Tiefe:

? Warum brauchen die Tiere einen König?

? Sind ein König und ein Chef das Gleiche?

? Gibt es einen Unterschied zwischen einem König und einer Königin?

? Was wäre, wenn es in der Geschichte keinen König gäbe?

? Was ist, wenn keiner König sein möchte?

→ Abschluss

- Fassen Sie am Ende das Gespräch in kurzen Worten zusammen und beenden Sie die Einheit mit Ihrem Abschlussritual.

Eine Krone für mich

Ziele
- Fingerfertigkeit üben
- Sprachkompetenz erfahren

Alter
4 bis 6 Jahre

Gruppengröße
KG, GG

Vorbereitungszeit
20 Minuten

Dauer
45 Minuten

Materialien
- Streifen aus Gold- und Silberfolie (ca. 20 cm x 80 cm)
- oder Tonkartonstreifen in verschiedenen Farben (ca. 20 cm x 80 cm)
- 1 Schere pro Kind
- 1 Bleistift pro Kind
- 1 Tacker

Einstieg ins Philosophieren

Wie oft hören wir von »Führungspersönlichkeiten«, also Menschen, welche die Gabe haben, andere in ihren Bann zu ziehen, die authentisch sind und es schaffen, zu überzeugen. Was braucht es also alles für Eigenschaften und Fähigkeiten, um ein guter »König« zu sein?

→ Vorbereitung

- Bereiten Sie Tische zum Basteln mit dem Material vor. Stellen Sie auch den Stuhlkreis und gestalten Sie die philosophische Mitte.

→ So geht's

- Beginnen Sie mit Ihrem Einstiegsritual und lassen Sie die Kinder in kurzen Worten das Bilderbuch wiederholen. Stellen Sie die Frage: Warum haben die Tiere überhaupt einen König gewählt? Weitere Impulsfragen für das Gespräch sind:

? Ist das größte Tier der bessere König?

? Was darf oder muss der König alles bestimmen?

? Was kann er nicht entscheiden?

? Braucht er Hilfe, um Entscheidungen treffen zu können?

? Kann ein König auch Urlaub machen?

? Was muss ein König gut können?

→ Abschluss

- Beenden Sie das Gespräch mit ihrem Abschlussritual. Wer möchte, kann sich jetzt eine eigene Krone basteln. Setzen Sie sich dazu an die vorbereiteten Basteltische. Die Kinder suchen sich das Papier oder die Folie für ihre Krone aus. Lassen Sie die Zacken aufzeichnen und dann ausschneiden. Passen Sie die Krone dem Kopf des Kindes an und tackern Sie die Enden zusammen.

Laute und leise Töne

Ziele
- → Selbstbewusstsein erfahren
- → Gehör schulen

Alter
4 bis 6 Jahre

Gruppengröße
KG, GG

Vorbereitungszeit
15 Minuten

Dauer
45 Minuten

Materialien
- → 1 Becken
- → 1 Triangel
- → 1 Zimbel
- → 1 Holzblocktrommel
- → 1 Trommel

Einstieg ins Philosophieren

Sicherlich haben Sie auch schon die Erfahrung gemacht, dass bei Abstimmungen oft die lauteste Stimme gewinnt. Doch warum ist das so? Glaube ich dem brüllenden Löwen mehr als dem stummen Fisch? Mit Orffinstrumenten setzen wir die Idee der Geschichte musikalisch um.

→ Vorbereitung

- Stellen Sie den Stuhlkreis und gestalten Sie Ihre philosophische Mitte. Legen Sie die Orffinstrumente dazu.

→ So geht's

- Beginnen Sie mit Ihrem Einstiegsritual. Nun schließen die Kinder die Augen. Jetzt spielen Sie jedes Instrument einmal vor, achten Sie dabei auf unterschiedliche Lautstärken. Nachdem die Kinder die Augen geöffnet haben, fragen Sie die Gruppe:

  ? Wie haben sich die Instrumente angehört?

  Weiterführende Fragen sind:

  ? Welche Unterschiede habt ihr gehört?
  ? Welches der Instrumente würdet ihr zum König wählen?
  ? Warum hast du dich für dieses Instrument entschieden?
  ? Muss sich ein König stark, laut oder leise anhören?

→ Abschluss

- Am Ende der Einheit nimmt sich jedes Kind das Instrument, welches es zum König wählen würde, und spielt es einmal der Gruppe vor. Beenden Sie den Kreis mit Ihrem Abschlussritual.

Tipp
Klanggeschichten eignen sich sehr gut dazu, philosophische Einheiten zu beginnen oder abzuschließen.

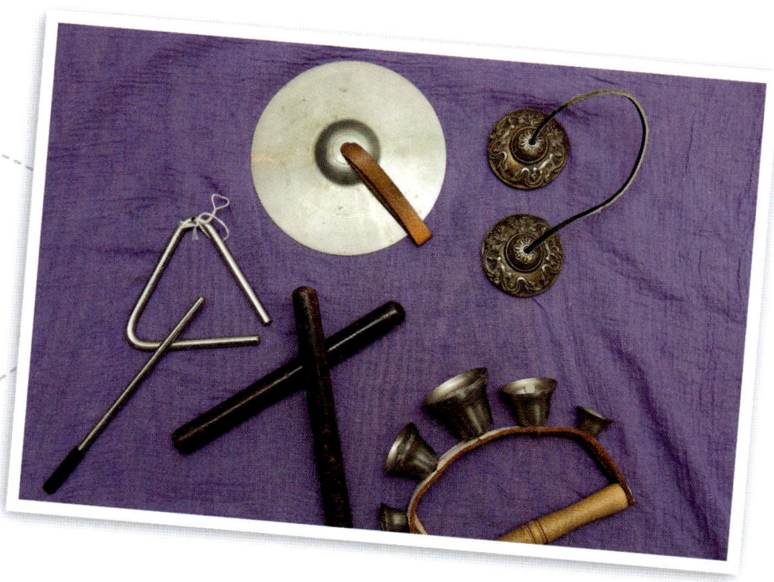

Unser Woll-Wuschel

Ziele
- → gemeinsam etwas gestalten
- → Gesprächskultur erleben

Alter
4 bis 6 Jahre

Gruppengröße
KG, GG

Vorbereitungszeit
15 Minuten

Dauer
45Minuten

Materialien
- → verschiedenfarbige Wolle
- → 1 Schere
- → 10 cm x 15 cm großes Stück Pappe

Einstieg ins Philosophieren

Beim Philosophieren kann jeder gleichberechtigt seine Gedanken und Ideen äußern. Dies setzt eine Gesprächskultur voraus, in der ich dem anderen zuhöre und dieser auch mir Aufmerksamkeit schenkt. Ein gutes Instrument, um diese Kultur zu entwickeln, ist der Gesprächswuschel, der dem Gespräch Struktur gibt. Wie das Schaf im Buch könnte das zum Beispiel ein Wuschel aus Wolle sein.

→ Vorbereitung

- Gestalten Sie den Stuhlkreis und Ihre philosophische Mitte. Legen Sie die Materialien für den Wuschel bereit.

→ So geht's

- Beginnen Sie mit Ihrem Einstiegsritual. Erklären Sie den Kindern nun, dass Sie gemeinsam einen Pompon herstellen möchten.
  Dazu knicken Sie den Karton mit der kürzeren Seite in der Mitte zusammen (Vorlage 2). Legen Sie in den Falz einen ca. 30 cm langen, starken Wollfaden. Jetzt kann jedes Kind möglichst lange Wollfäden um den geknickten Karton wickeln. Je dicker und breiter gewickelt wird, umso dichter wird später der Wuschel. Zum Schluss ziehen Sie vorsichtig den Karton aus der gewickelten Wolle heraus. Mit dem langen Faden aus dem Falz binden Sie nun den Wollknäuel fest zusammen. Schneiden Sie die Schlaufen auf und fertig ist der Wuschel (vgl. Zoller Morf 2010).

- Erklären Sie den Kindern nun die Gesprächsregel, dass, wer den Wuschel in der Hand hat, spricht und die anderen demjenigen zuhören. Ist das Kind fertig, gibt es den Wuschel an die Gesprächsleitung zurück. Probieren Sie den Wuschel gleich aus, indem Sie die Frage stellen:

? Warum brauchen wir Gesprächsregeln?

Weiterführende Fragen können sein:

? Was passiert ohne Wuschel?

? Warum wollen wir einander zuhören?

? Wie fühlst du dich mit dem Wuschel in der Hand?

→ Abschluss

- Fassen Sie am Ende das Gespräch in kurzen Worten zusammen. Legen Sie den Wuschel in die philosophische Mitte und beenden Sie die Einheit mit dem Abschlussritual.

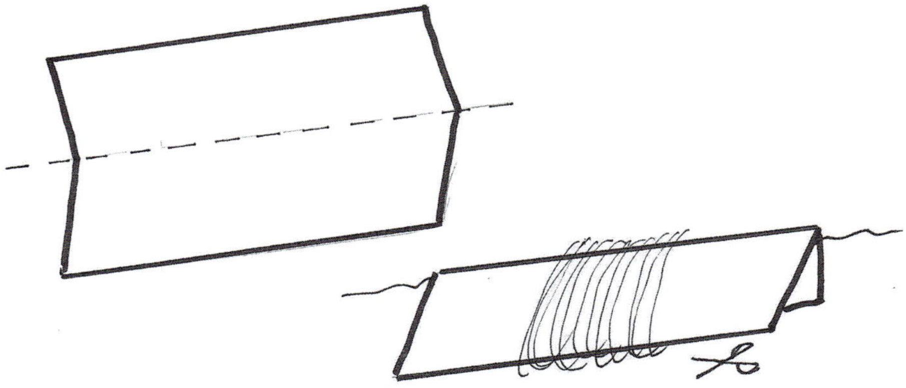

Ich bestimme für mich

Ziele
- Demokratie erfahren
- vor einer Gruppe sprechen

Alter
4 bis 6 Jahre

Gruppengröße
KG, GG

Vorbereitungszeit
10 Minuten

Dauer
45 Minuten

Materialien
- 1 Podest (Holzkiste)

Gedanken und Gefühlen begegnen

Jeden Tag müssen wir eigene Entscheidungen treffen. Doch wie oft sind wir auch fremdbestimmt? Haben wir wirklich bei allem eine Wahl oder gibt es auch Dinge, die gar nicht in unserer Hand liegen? Und wenn wir ehrlich sind, ist es doch manchmal ganz bequem, wenn andere einem die Entscheidung abnehmen. Geht es den Kindern auch so? Das finden wir in dieser Einheit heraus.

→ Vorbereitung

- Stellen Sie einen Stuhlkreis und gestalten Sie Ihre philosophische Mitte darin.

→ So geht's

- Beginnen Sie mit dem Einstiegsritual. Verweisen Sie auf das Bilderbuch »Ich bin für mich« und stellen Sie die Frage:

? Was darf der König aus dem Buch alles bestimmen?

Weiterführende Fragen sind:

? Was kann er nicht bestimmen?

? Über was bestimmst du selbst?

? Kann es mehrere Bestimmer geben?

? Was entscheidet ihr bei uns im Kindergarten?

? Was würde passieren, wenn jeder macht, was er will?

→ Abschluss

- Nach dem Gespräch beenden Sie die Einheit mit einem Spiel. Ein Kind ist der »Bestimmer« und stellt sich in die Mitte des Kreises auf das Podest. Jetzt darf dieses Kind der Gruppe einen Vorschlag machen, zum Beispiel: »Bitte singt ein Lied« oder »Klatscht in die Hände« oder »Verdreht die Augen« usw. Jedes Kind entscheidet für sich, ob es dabei mitmacht oder nicht. Jeder kommt nun einmal an die Reihe und stellt sich auf das Podest. Wenn das Spiel beendet ist, schließen Sie die Einheit mit dem Abschlussritual ab.

Gedanken und Gefühlen begegnen

Wer möchte nicht selbst an der Spitze stehen und Wahlsieger sein wie der Löwe? Doch bis dahin ist es ein langer Weg. Zunächst müssen sich die Kinder Gedanken dazu machen, was auf ihrem Wahlplakat stehen soll. In dieser Einheit denken die Kinder darüber nach, was sie für Talente haben und wie sie für sich selbst »werben« möchten.

Mein Wahlplakat

Ziele
- → Fantasie anregen
- → Selbstbewusstsein erfahren

Alter
4 bis 6 Jahre

Gruppengröße
KG, GG

Vorbereitungszeit
20 Minuten

Dauer
45 Minuten

Materialien
- → für jedes Kind 1 weißes DIN-A3-Papier
- → bunte Holzstifte
- → Maltischdecken

→ Vorbereitung

- Stellen Sie den Stuhlkreis mit Ihrer philosophischen Mitte. Außerdem bereiten Sie entsprechend der Anzahl der Kinder Tische zum Malen vor und legen darauf das Material zurecht.

→ So geht's

- Starten Sie mit Ihrem philosophischen Einstiegsritual. Erwähnen Sie das Bilderbuch und stellen Sie den Kindern dann die Frage:

? Was würdet ihr auf euer eigenes Wahlplakat malen und schreiben?

Weitere unterstützende Fragen sind:

? Was kannst du sehr gut?
? Was finden andere an dir toll?
? Was möchtest du nicht draufschreiben?
? Was findest du an dir toll?

→ Abschluss

- Beenden Sie das Gespräch mit Ihrem Abschlussritual. Setzen Sie sich nun an die Maltische und lassen Sie die Kinder die Wahlplakate nach ihren eigenen Ideen gestalten. Hängen Sie dann die Plakate im Kindergarten auf.

Eine Wahl

Ziele
- → Demokratie erleben
- → eigene Entscheidung treffen

Alter
5 bis 6 Jahre

Gruppengröße
KG, GG

Vorbereitungszeit
15 Minuten

Dauer
45 Minuten

Materialien
- → Bilderbuch »Ich bin für mich«
- → 1 Schuhkarton mit Schlitz im Deckel
- → 1 Stift pro Kind
- → 1 Block Notizzettel

Gedanken und Gefühlen begegnen

Wer die Wahl hat, sollte wissen, was ihm wichtig ist. In dieser Einheit versetzen sich die Kinder in die Geschichte hinein und führen einen »echten« Wahlgang durch. Welches Tier wird wohl von den Kindern zum König gewählt? Die Wahl gibt Anlass zum Gespräch über Demokratie und Partizipation.

→ Vorbereitung

- Bereiten Sie den Stuhlkreis mit der philosophischen Mitte vor. Stellen Sie den Schuhkarton als Wahlurne und alle Materialien mit dazu.

→ So geht's

- Beginnen Sie mit dem philosophischen Einstiegsritual. Wiederholen Sie zusammen mit den Kindern das Bilderbuch, um die Geschichte wieder in Erinnerung zu rufen.
  Regen Sie die Kinder nun dazu an, selbst zu überlegen, welches der Tiere sie wählen würden. Dazu sehen Sie sich die Bilder der Tiere an und erzählen gemeinsam nach, welche Argumente die Tiere für ihre eigene Wahl hatten.
- Erklären Sie jetzt, dass jeder im Kreis eine Stimme hat und genau überlegen soll, wen er wählen möchte. Dazu erhält jedes Kind einen Zettel und einen Stift. Legen Sie gemeinsam Symbole für die Tiere fest. Nun malt jedes Kind seinen Favoriten auf. Alle Wahlzettel werden in die Urne geworfen und danach gemeinsam ausgezählt.
- Wer hat gewonnen? Regen Sie nun das Gespräch mit folgenden Impulsen an:

? Sind alle einverstanden mit der Wahl?

? Warum soll eine Wahl geheim sein?

? Wie oft, also in welchem Turnus, soll gewählt werden?

? Was passiert bei Stimmengleichheit?

? Wer darf alles wählen? Und warum?

? Dürfen Kinder auch wählen? Was oder wen?

→ Abschluss

- Fragen Sie die Kinder am Ende, ob sie verraten möchten, wen sie gewählt haben. Beenden Sie danach die Einheit mit dem Abschlussritual.

→ Variation

- Sie können auch im Vorfeld Wahlzettel vorbereiten. Zeichnen Sie dazu die verschiedenen Tiere aus dem Buch auf ein Blatt und vervielfältigen Sie dieses. Dann können die Kinder »ihr« Tier ankreuzen und der Wahlvorgang geht schneller.

Die Entscheidung

Gedanken und Gefühlen begegnen

Über Demokratie und Partizipation zu hören, ist die eine Sache, sie am eigenen Leib zu erfahren, eine andere. Treffen Sie mit den Kindern eine Entscheidung, die auch Konsequenzen hat. In dieser Einheit entscheiden die Kinder über das nächste Ausflugsziel.

Ziele
- Konzentration schulen
- Demokratie erfahren

Alter
4 bis 6 Jahre

Gruppengröße
KG, GG

Vorbereitungszeit
10 Minuten

Dauer
45 Minuten

Materialien
- 1 Schale
- pro Kinde und für Sie 1 Muggelstein
- Fotos oder Bilder der möglichen Ausflugsziele

→ Vorbereitung

- Überlegen Sie bereits im Vorfeld zusammen mit den Kindern, welche Ausflugziele infrage kommen.
- Gestalten Sie Ihre philosophische Mitte. Stellen Sie die Muggelsteine in einer kleinen Schale dazu. Legen Sie Fotos oder Bilder der möglichen Ausflugsziele in die Mitte.

→ So geht's

- Beginnen Sie mit Ihrem Einstiegsritual. Erklären Sie der Gruppe, dass sie heute über das Ziel des nächsten Ausflugs mitentscheidet. Zeigen und benennen Sie neutral die einzelnen Ziele. Wenn es Fragen dazu gibt, gehen Sie darauf ein. Dann beginnen Sie mit der Wahl, indem jedes Kind und Sie den Muggelstein auf das Bild seines Favoriten legen. Schauen Sie sich mit den Kindern das Ergebnis an. Gibt es einen Sieger? Regen Sie das Gespräch mit folgenden Fragen an:

? Seid ihr zufrieden mit dieser Entscheidung?

? Ist die Entscheidung gerecht?

? Werden alle Kinder und Erwachsenen mit dieser Entscheidung zufrieden sein?

? Wie fühlen sich diejenigen, deren Wunsch nicht gewonnen hat?

? Was ist anders, als wenn jemand das Ziel für euch bestimmt hätte?

→ Abschluss

- Fassen Sie die Einheit und das Ergebnis zusammen und beenden Sie sie anschließend mit Ihrem Abschlussritual.

→ Variation

- Wenn die Kinder schon mit Abstimmungsmethoden erfahren sind, kann die Vergabe der Stimmen mit den Muggelsteinen auch geheim durchgeführt werden. Dazu verlassen die Kinder den Raum und kommen einzeln herein, platzieren den Stein und gehen wieder hinaus. Erst wenn alle Stimmen vergeben sind, nehmen alle wieder im Stuhlkreis Platz.

	Projekt / Angebot	Seite	Ästhetik, Musik und Kreativität	Sprache, Literacy und Medien	Bewegung, Körper und Gesundheit	Natur und Umwelt	Emotionen, Soziales Lernen	Gesellschaft und Kultur
Frederick	**Das Bilderbuch**	**14**	→ Konzentration schulen → Gesprächskultur erfahren	●				●
Frederick	**Eine Kerze gestalten**	**15**	→ Kreativität fördern → Fingerfertigkeit üben				●	
Frederick	**Unser Korb**	**16**	→ eine demokratische Entscheidungen treffen → Geschmackssinn schulen		●	●	●	
Frederick	**Ein Spaziergang**	**17**	→ sich in der Natur bewegen → Blick für Details schärfen		●	●		
Frederick	**Meine Fingermaus**	**18**	→ Fingerfertigkeit üben → Perspektiven anderer kennenlernen	●				
Frederick	**Gemeinsam nachdenken**	**19**	→ einander zuhören → Fantasie entwickeln				●	
Frederick	**Theater spielen**	**20**	→ Improvisieren üben → vor einer Gruppe sprechen	●			●	●
Frederick	**Eine Landschaft legen**	**21**	→ Vorstellungskraft entwickeln → eine Gemeinschaftserfahrung machen			●	●	●
Der kleine Erdvogel	**Das Bilderbuch**	**24**	→ Konzentration üben → Gesprächsregeln einhalten	●				●
Der kleine Erdvogel	**Ein Bild von mir**	**25**	→ Fingerfertigkeit üben → Selbstbewusstsein erfahren				●	
Der kleine Erdvogel	**Mein Erdvogel**	**26**	→ Fingerfertigkeit entwickeln → Kreativität fördern				●	
Der kleine Erdvogel	**Tiere erfinden**	**27**	→ Ausschneiden üben → Fantasie fördern	●				
Der kleine Erdvogel	**Ein Schatz**	**28**	→ Selbstbewusstsein erfahren → Gesprächskompetenz erleben	●			●	
Der kleine Erdvogel	**Das kann ich gut**	**29**	→ Fantasie anregen → Anstrengung aushalten können	●			●	
Der kleine Erdvogel	**Mein Traum**	**30**	→ Kreativität fördern → Fanstasie anregen				●	
Der kleine Erdvogel	**Das Experiment**	**31**	→ gemeinsam nachdenken → Schwerkraft erfahren			●		
Mutig, mutig	**Das Bilderbuch**	**34**	→ Konzentration üben	●			●	
Mutig, mutig	**Der Efeukranz**	**35**	→ Kreativität fördern → Fingerfertigkeit üben				●	
Mutig, mutig	**Vertrauens-Spiel**	**36**	→ Sicherheit erfahren → Selbstbewusstsein stärken		●		●	
Mutig, mutig	**Tier-Rätsel**	**37**	→ Perspektivwechsel erleben	●				

	Projekt / Angebot	Seite	Ästhetik, Musik und Kreativität	Sprache, Literacy und Medien	Bewegung, Körper und Gesundheit	Natur und Umwelt	Emotionen, Soziales Lernen	Gesellschaft und Kultur
Mutig, mutig	**Ich erfinde Rätsel**	**38**	→ Rätsel erfinden und formulieren	●			●	
	Welche Farbe hat der Mut?	**39**	→ Fantasie fördern → Vorstellungskraft stärken				●	
	Mutige Bilder	**40**	→ Merkfähigkeit fördern				●	●
	Die Mutleine	**41**	→ Argumentieren lernen → Meinung bilden	●			●	
Räuber Ratte	**Das Bilderbuch**	**44**	→ Konzentration stärken → Gesprächskultur erfahren	●			●	
	Eine Geschichte ohne Ende	**45**	→ Vorstellungskraft anregen → Gruppengefühl stärken	●			●	
	Ein gutes und ein böses Bild	**46**	→ Kreativität schulen			●		
	Ratte und Ente	**47**	→ Gesprächskultur erleben → Gemeinschaftsgefühl erfahren				●	●
	Was du nicht willst…	**48**	→ ein Sprichwort kennen lernen → Sprachschatz erweitern	●				●
	Meine Gefühlsuhr	**49**	→ Sozialkompetenz stärken → Fingerfertigkeit üben				●	●
	Kann man Gummibärchen teilen?	**50**	→ Gemeinschaftsgefühl erfahren → Gesprächskultur erleben	●				
	Viele Dinge zum Teilen	**51**	→ Gemeinschaftsgefühl erfahren → Sprachschatz erweitern	●			●	
Ich bin für mich	**Das Bilderbuch**	**54**	→ Gerechtigkeitssinn schärfen	●				●
	Eine Krone für mich	**55**	→ Fingerfertigkeit üben → Sprachkompetenz erfahren	●				●
	Laute und leise Töne	**56**	→ Selbstbewusstsein erfahren → Gehör schulen				●	●
	Unser Woll-Wuschel	**57**	→ gemeinsam etwas gestalten → Gesprächskultur erleben				●	●
	Ich bestimme für mich	**58**	→ Demokratie erfahren → vor einer Gruppe sprechen	●			●	●
	Mein Wahlplakat	**59**	→ Fantasie anregen → Selbstbewusstsein erfahren	●				●
	Eine Wahl	**60**	→ Demokratie erleben → eigene Entscheidung treffen	●			●	
	Die Entscheidung	**61**	→ Konzentration schulen → Demokratie erfahren	●			●	

Zum Weiterlesen

- Bralo-Zeitler, Katharina & Schönicke, Judith (2013): Ganz Ohr für das , was zählt. Zuhören, Mitreden, Werte erleben. Freiburg im Breisgau: Verlag Herder.
- Calvert, Kristina (2004): Können Steine glücklich sein? Hamburg: Rowohlt Taschenbuch Verlag.
- Knop, Julia (2013): Die großen Fragen. Philosophie für Kinder. Freiburg im Breisgau: Verlag Herder GmbH.
- Liebertz, Charmaine (2003): Das Schatzbuch des ganzheitlichen Lernens. 5. Auflage. München: Don Bosco.
- Portmann, Rosemarie (2010): Die 50 besten Spiele zu den Kinderrechten. München: Don Bosco.
- Rude, Simbeck, Witt-Kruse, Zeitler (2007): Praxisleitfaden Kinder philosophieren: München.
- Zeitler, Katharina (2010): Siehst du die Welt auch so wie ich? Freiburg: Herder Verlag.
- Zoller Morf, Eva (2010): Selber denken macht schlau. Philosophieren mit Kindern und Jugendlichen. Kempten: Zytlogge Verlag.